CHRISTIAN F. R. GUIMARÃES VINCI

COMUNISMO

Lafonte

Brasil · 2020

Título – Comunismo
Copyright © Editora Lafonte Ltda. 2020

ISBN 978-5870-022-7

Todos os direitos reservados.
Nenhuma parte deste livro pode ser reproduzida por quaisquer meios existentes sem autorização por escrito dos editores e detentores dos direitos.

Direção Editorial	**Ethel Santaella**
Organização e Revisão	**Ciro Mioranza**
Diagramação	**Demetrios Cardozo**
Imagem de capa	**Art Furnace / Shutterstock**

```
Dados Internacionais de Catalogação na Publicação (CIP)
         (Câmara Brasileira do Livro, SP, Brasil)

Vinci, Christian F. R. Guimarães
   Comunismo / Christian F. R. Guimarães Vinci. --
São Paulo : Lafonte, 2020.

   Bibliografia.
   ISBN 978-65-5870-022-7

   1. Comunismo 2. Comunismo - História I. Título.

20-44674                                  CDD-320.532
```

Índices para catálogo sistemático:

1. Comunismo : Ciência política   320.532

Cibele Maria Dias - Bibliotecária - CRB-8/9427

Editora Lafonte

Av. Profª Ida Kolb, 551, Casa Verde, CEP 02518-000, São Paulo-SP, Brasil
Tel.: (+55) 11 3855-2100, CEP 02518-000, São Paulo-SP, Brasil
Atendimento ao leitor (+55) 11 3855- 2216 / 11 - 3855 - 2213 – atendimento@editoralafonte.com.br
Venda de livros avulsos (+55) 11 3855- 2216 – vendas@editoralafonte.com.br
Venda de livros no atacado (+55) 11 3855-2275 - atacado@escala.com.br

Impressão e Acabamento
Gráfica Oceano

ÍNDICE

05	**1. O fantasma do comunismo**
27	**2. Conhecendo o comunismo**
35	**a.** O movimento dialético da história
39	**b.** A sociedade comunista
47	**3. As experiências comunistas ao longo da história**
60	**a.** Maio de 1968: lições para a esquerda
64	**b.** A revolução cultural
69	**4. Pensar o comunismo hoje**
74	**a.** Pensando o comum: um novo comunismo
82	**b.** A luta pela comunidade
95	**Referências bibliográficas**

1 O FANTASMA DO COMUNISMO

"*Um espectro ronda a Europa – o espectro do comunismo*" (MARX, 2010, p. 39). É com essa sentença que Karl Marx iniciava um dos mais importantes livros na história da humanidade: o *Manifesto Comunista*. Publicado pela primeira vez em Londres, no ano de 1848, ninguém imaginaria o sucesso que esse texto iria alcançar nos séculos seguintes. Algumas pesquisas chegaram a apontar que, depois da Bíblia, esse foi o livro mais citado e vendido na história. Marx, muito provavelmente, não fazia ideia do impacto que esse pequeno escrito causaria no mundo. Vale lembrar que o *Manifesto* foi um texto simples, encomendado pela *Liga dos Comunistas*, em 1847, para ser distribuído entre os trabalhadores e, assim, conscientizá-los sobre a necessidade de reivindicar melhores condições de trabalho. Naquele momento, com a eclosão da chamada segunda revolução industrial, as condições de trabalho se degradaram enormemente: jornadas diárias de doze a dezesseis horas; salários ínfimos, insuficientes de sustentar uma família de quatro pessoas; exploração do trabalho infantil de maneira indiscriminada; funções sem qualquer segurança para os trabalhadores, com enormes índices de acidentes de trabalho; diversos tipos de assédio, envolvendo sobretudo as trabalhadoras, e outras tantas barbáries. Essa situação precária produziu um clima de tensão como nunca antes, e todos, trabalhadores e burgueses, passaram a aguardar o momento em que uma revolução haveria de eclodir. O historiador Eric Hobsbawm, ao se referir aos anos que antecederam 1848, comenta:

> A catástrofe de 1846-1848 foi universal e a disposição de ânimo das massas, sempre dependente do nível de vida, tensa e apaixonada. Um cataclismo econômico europeu coincidiu com a visível erosão dos antigos regimes. Um levante camponês na Galícia em 1846; a eleição de um papa 'liberal' no mesmo ano; uma guerra civil entre radicais e católicos na Suíça no final de 1847, ganha pelos radicais; uma das constantes insurreições autonomistas sicilianas em Palermo, no início de 1848. (...) Tudo isso não era pó e vento, mas o rugido da tempestade. Todos sabiam disso. Dificilmente uma revolução foi mais universalmente prognosticada, mesmo sem se determinar em que país e data teria início. Todo um continente aguardava, pronto para transmitir notícias da revolução, de cidade a cidade, através dos fios do telégrafo elétrico (HOBSBWAM, 2005, p. 454).

Foi justamente pensando nessa tensão cada vez maior que a *Liga dos Comunistas* solicitou a Marx um texto capaz de convocar a classe trabalhadora para a luta, incentivando-a a se rebelar e exigir melhores condições. Um texto panfletário, com linguagem acessível e sem muitos floreios teóricos. Marx imediatamente se comprometeu a escrever o texto, mas adiou sua entrega diversas vezes. Exilado na Bélgica, por questões políticas, o pensador alemão acompanhava as revoltas operárias e escrevia diversas análises para jornais da época. Por contar com uma agenda atribulada, muitos dos textos que lhe eram encomendados eram deixados de lado. Foi isso que aconteceu com o *Manifesto*, texto que – em carta a Engels – Marx pensou em abandonar, pois estava muito atarefado e com muito trabalho acumulado. Os eventos de 1848, porém, o fariam mudar de ideia. Em 22 de fevereiro daquele ano, eclodiu a chamada revolução de fevereiro na França e a *Liga*, diante daquele estopim revolucionário, deu um ultimato: se Marx não escrevesse o texto, outro o escreveria. A *Liga* chegou a sugerir que pediria para Proudhon escrevê-lo – um autor autoproclamado anarquista, mas cujo pensamento estava mais próximo dos ditos socialistas utópicos. Marx, que em 1847 havia discutido com Proudhon no livro *Miséria da Filosofia*, não quis perder a oportunidade para seu inimigo teórico e, correndo, escreveu o texto em pouco menos de uma semana, entregando-o para ser publicado o mais rápido possível e, dessa forma, influenciar os encaminhamentos da revolta que começava a se alastrar por toda a Europa.

O termo comunista aparece pela primeira vez nesse documento? Não, o termo surge nos contextos das revoltas burguesas do século XIX e, na maioria das vezes, acabava sendo utilizado de maneira indistinta. Comunismo e socialismo, nessa época, eram palavras sinônimas. Foi a primeira vez, contudo, que o termo foi usado de maneira a se distinguir das posições socialistas, defendidas por autores como Saint-Simon, Fourier, Blanqui e outros. O socialismo, naquele momento, começava a ser considerado como uma doutrina burguesa, mais interessada em promover reformas das estruturas capitalistas vigentes. Friedrich Engels, parceiro de pensamento de Marx, escreveu, tempos depois, que esses pensadores socialistas, se caracterizam por certa linhagem utópica, por isso os denomina de socialistas utópicos. Utópicos por acreditarem que seria possível uma mudança social sem tocar na base de toda exploração, sem modificar as relações de trabalho propagadas pelo sistema de produção capitalista. Os eventos históricos que tomaram de assalto a Europa, desde a eclosão da Revolução Francesa em 1789, demonstravam que a única via possível para modificar essa estrutura era por meio da promoção de uma revolução.

Em 1830, por exemplo, eclodiu uma das muitas revoluções daquele século. A revolução de 1830 foi claramente inspirada pelo pensamento dos socialistas utópicos

– sobretudo Augusto Blanqui. Naquele momento, os revoltosos exigiam o fim dos privilégios concedidos à monarquia e à nobreza. Com o fim do império de Napoleão Bonaparte, convém lembrar, as antigas nobrezas retornaram ao poder por toda a Europa e as diretrizes estabelecidas pelo *Congresso de Viena* se consolidaram. Ocorrido em 1814 e 1815, o congresso redefiniu o mapa político da Europa e criou a *Santa Aliança*, um acordo político assinado pelas potências europeias – sobretudo Rússia, Prússia e Áustria –, visando criar uma rede de proteção para as monarquias que quisessem reassumir o poder. Foi assim que a dinastia Bourbon retornou ao poder na França. A burguesia, que havia desfrutado de enorme influência política durante o império napoleônico, perdeu alguns de seus privilégios e, para reverter a situação, aliou-se aos proletariados para destituir novamente o rei. A Revolução Francesa, iniciada em 1789, havia demonstrado que a união de algumas classes tornava possível destronar o rei e, caso fosse necessário, decapitá-lo. Essa aliança entre burguesia e proletariado permitiu a eclosão da Revolução de 1830.

Em Paris, epicentro da revolta, ergueram-se barricadas no mês de julho e os confrontos se intensificaram cada vez mais ao longo dos dias. As Guardas Nacionais, que deveriam apoiar o rei Carlos X, acabaram se aliando aos trabalhadores e burgueses e, em pouco tempo, derrubaram o rei. Uma revolta que durou nada mais do que três dias, mas cujos efeitos perdurariam por décadas. Os trabalhadores e burgueses da Bélgica e da Polônia, inspirados pelos eventos franceses, se uniram e derrubaram o monarca naquele mesmo ano. Em Portugal e Espanha, embora mais sutil, o ímpeto revolucionário também agitou a cena política até meados da década de 1830. Até no Brasil os ecos da revolta seriam sentidos. Muitos historiadores argumentam que a abdicação de D. Pedro I, em 1831, deveu-se a uma forte oposição liberal inspirada nos revolucionários parisienses.

Embora a aliança entre burgueses e operários tenha se mostrado vitoriosa, ela não resistiu muito além de 1830. A alta burguesia, ainda em julho, receosa pelos rumos que a revolta poderia tomar, instaurou no poder o monarca Luís Filipe de Orleans, considerado pela história como o "rei burguês". Essa medida acabou por apaziguar os ânimos de boa parcela da população que logo abandonou a luta, deixando apenas os trabalhadores nas ruas. Os líderes revoltosos mais radicais foram presos, Blanqui sobretudo, e alguns mais moderados foram chamados para compor o governo. Diante disso, o movimento se dissipou completamente. A classe trabalhadora, sentindo-se traída, calou-se e começou a culpar as velhas lideranças por sua derrota.

Com o passar dos anos, a situação começou a piorar. Ficou claro para todos por qual razão o rei Luís Filipe era chamado de "rei burguês". Suas decisões privilegiaram somente a alta burguesia, composta por banqueiros e outros que trabalhavam com especulação financeira. A ala dos industriais e dos pequenos burgueses começou a alimentar certa insatisfação e, assim que foi possível, se aliou novamente com os trabalhadores, que desde 1830 lidavam com um sentimento de derrota. Essa nova aliança culminou em uma nova revolução, em 1848, que não apenas tirou o rei do poder como decretou um novo regime, considerado por todos como mais democrático: a república. Foi uma revolução nos mesmos moldes daquela de 1830, com barricadas nas ruas e confrontos diários entre a polícia e os revoltosos. Ao fim, os proletários conseguiram algumas cadeiras no parlamento, mas poucas melhorias efetivas conquistaram para sua classe. A burguesia, dessa vez unida, calou mais uma vez os mais revoltosos e conseguiu corromper aqueles que se aliaram à república. Mais uma vez, os trabalhadores haviam sido traídos e seu ódio permaneceria aceso até que, em 1871, eclodiria outra revolta, totalmente conduzida pelo operariado: a *Comuna de Paris*, um movimento ainda mais radical, atrelado ao ideário anarquista. Ainda em 1848, percebendo que os ânimos não seriam apaziguados, Alexis de Tocqueville chegou a escrever:

> Diz-se que não há perigo, porque não há agitação; diz-se que, como não há desordem material na superfície da sociedade, as revoluções estão longe de nós. Senhores, permiti-me dizer-vos que

> creio que vos enganais. Sem dúvida a desordem não está nos fatos, mas entrou bem profundamente nos espíritos. Olhei o que se passa no seio dessas classes operárias, que hoje, eu o reconheço, estão tranquilas [...]. Tal é, senhores, minha convicção profunda: no momento em que estamos, creio que dormimos sobre um vulcão; disso estou profundamente convencido (TOCQUEVILLE, 1991, p. 42-43).

De fato, o vulcão que eclodiu em 1871 seria muito pior do que aquele de 1848 e, nem por isso, conseguiu melhorar a condição de vida da classe trabalhadora. Em pouco menos de um mês, com Paris transformada em uma capital operária livre – sem governo, sem polícia e sem padres –, o movimento começou a ser atacado pelas forças conservadoras, o exército prussiano invadiu a cidade e mais de cinco mil trabalhadores foram fuzilados em praça pública. Essas tantas revoltas acontecidas ao longo do século XIX levaram o historiador Eric Hobsbawm a chamar esse século de *Era das Revoluções*.

É importante resgatar esses eventos para percebermos como ocorreu, ao longo do século XIX, o processo de radicalização da classe operária: alinhada em 1830 ao socialismo, depois ao comunismo em 1848 até se entregar ao ideário anarquista em 1871. Esse contexto de revoltas inspirou Marx a escrever o *Manifesto Comunista,* em

1848, e *A Guerra Civil na França*, em 1871. Nesse último livro, diante dos acontecimentos da Comuna de Paris, Marx revisa algumas de suas teses e passa a insistir cada vez mais que uma mudança social só será possível caso os proletariados se unam e promovam uma revolução, sem considerar qualquer forma de aliança com outra classe. Não é possível barganhar com a classe burguesa, não é possível viver de migalhas oferecidas por ela. Ao mesmo tempo em que ele insiste nessa união proletária, condena o modo como os trabalhadores de Paris conduziram o processo revolucionário em 1871. Para Marx, perdeu-se muito tempo com a organização social – adoção do ensino laico e público, perseguição aos padres, abolição da polícia etc. Seria necessário, diz o autor, que um grupo tomasse a frente nas negociações e, ao mesmo tempo em que negociavam com Thiers – o presidente francês à época –, fossem se articulando com outras lideranças operárias. Anos depois, outro grande teórico do comunismo, Lenin, argumentaria que, a partir da experiência da comuna, a revolução necessita de uma classe dirigente para acontecer, uma vanguarda apta a conduzir o processo. Sem a vanguarda, trabalhadores que vivem em prol do processo revolucionário, nada aconteceria.

Veremos, adiante, todas essas discussões de maneira mais detida. No momento, é importante perceber o quanto a filosofia comunista está em sintonia com as revoltas do século XIX, o quanto as teorias desenvolvidas por esses pensadores dialogam com a movimentação revolucionária do período. Apenas diante desse contexto, fica clara a importância da convocação marxista: "Proletários de todos os países, uni-vos" (MARX, 2010, p. 69). Não se trata de mera palavra de ordem, mas de um programa revolucionário. Gostemos ou não das doutrinas marxistas, condenemos ou não o espectro comunista, a verdade é que não é possível compreender o século XX e o século XXI, suas reviravoltas políticas, sem levar em consideração esse apelo político de Karl Marx e o ideário que o mobiliza. Suas ideias são fundamentais ainda hoje e, por esse motivo, este livro se propõe a apresentar as linhas gerais desse pensamento, introduzindo o leitor no universo do comunismo. E é justo perguntar: por qual razão ainda hoje é importante estudar esse movimento?

Ao longo do século XX, o comunismo foi considerado como a grande ameaça ao mundo capitalista, sobretudo após a segunda Grande Guerra. Com a derrota dos nazistas na Alemanha e dos fascistas na Itália, o mundo se viu diante de duas possibilidades: abraçar o modelo econômico capitalista, representado pelos Estados Unidos, ou o modelo econômico socialista, representando pela União Soviética. Essa polarização foi o pilar da chamada Guerra Fria, uma guerra que recebeu esse nome porque os únicos conflitos se refletiam de forma indireta. Em vez de se atacarem mutuamente, Estados Unidos e União Soviética disputavam influência. Intervinham em conflitos locais que ocorriam em todo o mundo, financiando-os com dinheiro ou concedendo armas para os embates. Todas as guerras ocorridas ao longo do século XX – Revolução Cubana, Revolução Chinesa, Guerras de independência na África e na Ásia, Guerra do Vietnã etc. -, foram produzidas nesse contexto. Por qual razão Estados Unidos e União Soviética não partiram para um confronto direto? Porque ambas as nações possuíam um poderio nuclear capaz de destruir o mundo diversas vezes seguidas. Por esse motivo, o período da Guerra Fria foi de grande tensão, devido ao risco iminente de um conflito nuclear que poderia destruir a todos, mas que realmente nunca acontecia de fato.

Uma forma de combate ao longo da Guerra Fria era o uso de propagandas, tanto por parte da União Soviética quanto por parte dos Estados Unidos. O cinema, o rádio, as revistas em quadrinhos, todos esses bens de consumo de massa foram mobilizados para propagar o estilo de vida capitalista ou comunista. Era comum, na época, deparar-se com propagandas negativas sobre o comunismo disparadas pelos mais diversos meios de comunicação. Uma criança, por exemplo, abria inocentemente seu gibi do Pato Donald e lá encontrava comentários negativos sobre o comunismo – alguns vilões, na verdade, eram constantemente associados a comunistas soviéticos; para quem se interessa por esse assunto vale a pena ler o livro *Para ler o Pato Donald*, de Ariel Dorfman e Armand Mattelart (1991). Enfim, propagandas associando o comunismo a crimes de todas as espécies era algo comum. Comunistas eram apontados como ateus, devoradores de crianças e coisas do gênero. Assim como nos contos de fadas, eram retratados como os grandes vilões da história.

Embora pareça algo banal, não nos esqueçamos que foi esse imaginário que justificou a implementação de ditaduras em toda a América Latina. Os golpes militares que ocorreram nas décadas de 1960 e 1970, incentivados pelo governo dos Estados Unidos, visaram justamente salvar os países do perigo comunista. Diziam, para todos que quisessem ouvir, que os comunistas, ao tomar o poder, iriam roubar as propriedades das pessoas e redistribuí-las para os mais pobres – numa clara confusão entre o imaginário católico, que prega a distribuição da riqueza para os mais necessitados, e o imaginário comunista, que prega uma mudança no acesso aos meios de produção e a partilha dos lucros obtidos por meio do trabalho humano. Se você possui dois carros, um será doado para quem não tem nenhum. Se sua casa possui dois quartos, um será doado para outra família. Essas barbaridades, como tantas outras, alimentaram o medo da população que, bombardeada por esse discurso cotidianamente, acabou louvando a implementação de regimes totalitários que perseguiram e mataram qualquer sujeito que, porventura, parecesse comunista – ainda que não o fosse, ainda que jamais soubéssemos com que se parece um comunista.

Na época, a imagem que tínhamos de um comunista era aquela propagada pelo cinema norte-americano. Cabelos e barbas longas, sujo e sem qualquer conduta moral. É curioso como, em filmes daquela época, o comunista se parecia muito mais com os hippies – um movimento de contracultura da década de 1960, que surgiu nos Estados Unidos e não na União Soviética – do que necessariamente com um bolchevique russo. Por ninguém saber muito bem quem era comunista, qualquer um poderia se enquadrar nessa descrição imaginária e acabar sendo perseguido. Foi se valendo dessa confusão que as ditaduras latino-americanas perseguiram ou mataram qualquer potencial crítico do regime – cantores, artistas, professores, jovens de cabelo comprido, hippies etc. –, muitas vezes com o apoio da população.

Embora esse mundo pareça um tanto distante, não o é. Ainda hoje governantes fascistas são eleitos por se autoproclamarem contrários à ideologia comunista, dizendo que o perigo comunista – ou o fantasma, diria Marx – ainda ronda o país. Desconsidera-se que, com o fim da União Soviética e a queda do muro de Berlim, acabou-se qualquer chance de uma revolução comunista acontecer em escala mundial. No Brasil, aliás, o aumento do conservadorismo está intimamente ligado a esse discurso. Acreditando que os comunistas acabarão com a família, com a propriedade e com a religião, líderes políticos surgem aqui e acolá prometendo defender a pátria e a nação desse perigoso inimigo, o comunismo. Mas, afinal, o que é comunismo? Se perguntássemos a esses líderes, eles provavelmente responderiam algo tão caricato quanto uma história contada em um quadrinho do Pato Donald da década de 1960. E, infelizmente, isso ainda assustaria boa parcela da população.

Aqueles que atacam o comunismo raramente sabem o que essa doutrina realmente prega, quando muito dizem que o modelo comunista é aquele implementado pela União Soviética ou mesmo pela China, modelos que primam por uma forma de gestão social totalitária em sua concepção. Lembram das mortes cometidas por Stálin, que enviou milhões de pessoas para morrer nos campos de concentração soviéticos – os gulags –, ou das perseguições do regime chinês durante a Revolução Cultural. Esquecem apenas que foram os próprios comunistas os primeiros a denunciar esses crimes e a lamentá-los. Depois, citam a pobreza cubana, para afirmar ser um modelo social que produz miséria, sem lembrar que Cuba é vítima de um embargo econômico imposto pelos Estados Unidos desde a década de 1960 e mantido até hoje – um dos maiores resquícios da Guerra Fria. A lista de crimes pode aumentar ao infinito, ao mesmo tempo em que crescem os louvores ao modelo capitalista dos Estados Unidos. Curiosamente, esquecem de todas as mortes produzidas pelo capitalismo.

É importante lembrar que as experiências políticas

da União Soviética, da China e de Cuba são exatamente isso: experiências. Esses países, em nenhum momento, chegaram a implementar efetivamente o comunismo. Adotaram uma economia planilhada, voltada para a distribuição de algumas benefícies do Estado, e mantiveram alguns programas sociais. Mas, fora isso, as relações entre a classe dirigente e o grosso da população continuaram se dando de maneira verticalizada, ou seja, continuaram propagando um modelo exploratório. Umas das principais questões, dentro da sociedade comunista, é a completa abolição do Estado, algo que nunca ocorreu na União Soviética ou na China. A China, aliás, adotou uma postura de mercado agressiva, incentivada pelo Estado, que em nada deve aos países capitalistas. Não por outra razão, uma das maiores economias mundiais é a chinesa. Por esses e outros tantos motivos, há tempos que surgiram teorias tentando separar essas experiências políticas do ideário comunista.

Na década de 1980, por exemplo, surgiu o termo "socialismo realmente existente". Foi uma primeira tentativa de salvaguardar a teoria comunista, desarticulando-a dessas experiências históricas que, embora se apresentassem como de esquerda, acabaram descambando para um regime de exceção, totalitário – nesse sentido, os críticos ao comunismo têm alguma razão. Os teóricos que adotaram essa nomenclatura não ignoraram os crimes cometidos por Stálin, tampouco a violência da Revolução Cultural chinesa. Apenas chamam a atenção para o fato de que o ideário comunista é algo muito maior do que essas experiências que, em sua maioria, falharam na promoção dessa doutrina política. Lembram ainda que, para aqueles que insistem em difamar o comunismo, erros são comuns em todas as formas de governo. O capitalismo não matou menos do que Stálin ao promover a livre concorrência e incentivar o regime meritocrático em sociedades extremamente desiguais, deixando milhões de pessoas na mais completa miséria. Os famintos espalhados por todos os continentes, mortos em guerras em nome da conquista de mercado, jamais são contabilizados como vítimas do capitalismo, diferente daquilo que fazem com a União Soviética e o comunismo. Os mortos nas ditaduras ou durante o imperialismo tampouco são contabilizados. Enfim, não é o caso de comparar mortos, mas entender que a União Soviética não é sinônimo de comunismo ou não pode ser, a menos que se considere também a miséria e a pobreza mundial como uma contraparte natural ao capitalismo, que também merece ser levada em consideração.

Hoje, seguindo o pensamento do filósofo francês Alan Badiou, convém considerar o comunismo como uma hipótese, uma hipótese que alguns países tentaram implementar e, cada qual à sua maneira, falhou por um ou outro motivo. Como toda hipótese, ela ainda pode ser testada e aprimorada, não perde a validade por que outros falharam, ou seja, ainda podemos nos surpreender com aquilo que o comunismo pode vir a construir. Descobrimentos científicos recebem esse tratamento, por qual razão não devemos concedê-lo também às ideias políticas – mesmo as originadas no seio do capitalismo? Há inúmeras obras que referendam o modelo republicano de governo, desde Platão ao menos, mas as experiências republicanas divergem em cada país e em cada tempo histórico. Cada novo estudo político sobre essa forma de governo visa ofertar soluções e melhorias para os impasses da república e, por sua vez, acaba inspirando tanto as políticas de futuros governantes quanto as exigências da sociedade civil. Pensar o comunismo nessa chave talvez seja de grande valia, pois permite analisar certas experiências históricas com mais propriedade, buscando compreender onde e por qual motivo erraram. Veja, não se trata de esquecer os mortos pelo regime de Stálin, nada disso. Antes, tentar perceber o que deu errado a partir da própria teoria comunista e não a partir dos valores capitalistas.

É óbvio que, para o bom funcionamento do capitalismo, o comunismo deve ser denegrido bem como qualquer alternativa ao modelo pautado na livre concorrência. Embora a defenda como princípio básico, o capitalismo não aceita concorrência ideológica de nenhuma ordem. Todas as lutas por melhorias para a classe trabalhadora decorreram de embates violentos, quando não de revoluções, e só foram aceitas a muito custo por parte da classe dominante. Os defensores do modelo capitalista gostam de se referir ao comunismo como uma doutrina ditatorial e violenta, esquecendo que cada vez mais o capitalismo só consegue prosperar à custa da miséria e das catástrofes de todas as ordens. Naomi Klein, em seu livro *Capitalismo de Desastre*, nos mostra que, nos últimos trinta anos – desde que o socialismo realmente existente deixou de existir –, os momentos de maior crescimento do capitalismo coincidiram com momentos de guerra ou desastres naturais. As guerras no Oriente Médio, os furacões e tsunamis na Ásia, qualquer hecatombe é vista como uma oportunidade sem fim para que bancos e investidores possam lucrar com a miséria alheia. Por qual razão, diante de uma constatação desse porte, se insiste tanto nos ataques ao pensamento de esquerda, incluindo aí o comunismo? Por qual motivo apenas as teorias de esquerda são responsabilizadas pela fome no mundo, pelo aprisionamento de inocentes e tantas outras formas de violência?

É inegável que as experiências históricas de esquerda falharam na promoção de uma sociedade mais igualitária, acabando por reproduzir aquilo que de pior encontramos no capitalismo. União Soviética e China são os maiores exemplos de sociedades que, autoproclamadas comunistas, não fizeram nada além de implementar aquilo que alguns autores denominaram de capitalismo de estado: um regime capitalista, pautado na exploração, cujo lucro era regulado e distribuído – não necessariamente de maneira igualitária – pelo Estado. A esquerda, como um todo, reconhece essas falhas, mas entende que o mundo mudou e, com ele, novas formas de resistência à exploração se fazem necessárias. O mesmo não parece ocorrer com o bloco mais conservador, sobretudo em relação à sua ala mais raivosa, que insiste em continuar atacando a doutrina comunista, como se ela fosse a responsável pelas mazelas do mundo capitalista. Cada vez mais notamos que esse fantasma, o fantasma do comunismo, é evocado para assustar as pessoas, fazendo-as crer que o motivo de sua pobreza é decorrência não da lógica de funcionamento do próprio capitalismo, mas de um inimigo externo que convém ser combatido. O maior problema é que esse ataque proferido contra o comunismo é um ataque raivoso, pautado em contrassensos e que só se propaga devido à falta de informação das pessoas que adotam o discurso capitalista e acabam completamente alienadas. Combater essa desinformação é algo necessário, para evitar a escalada de violência que vimos se processar nos últimos anos. Como afirmamos, ainda que se possa desprezar o comunismo, é necessário compreendê-lo. O objetivo deste livro será oferecer um panorama histórico geral do movimento e uma introdução à teoria comunista. De posse desses saberes, você poderá aprofundar o seu estudo.

Em nosso primeiro capítulo, apresentaremos as bases da teoria comunista, seus preceitos principais. Para tanto, seguiremos o pensamento de Karl Marx. O autor de *O Capital* é um dos autores mais importantes para a compreensão dessa doutrina política, tendo sido o primeiro a diferenciar a perspectiva revolucionária comunista daquelas ditas socialistas. Veremos de que maneira foi feita essa dissociação, como Marx concebeu, a partir das lutas proletárias do século XIX, um modo de implementar uma sociedade mais igualitária. Ao longo desse capítulo inicial, procuraremos mostrar que Marx jamais teorizou sobre como seria a sociedade comunista, apenas sobre as condições históricas necessárias para sua implementação. Outros autores – Rosa Luxemburgo, Lenin, Trotsky e outros –, retomariam o pensamento de Marx e o complementariam, sempre tentando pensar como instaurar uma sociedade mais igualitária. Na sequência, em nosso segundo capítulo, retomaremos a questão da hipótese comunista apresentada por Badiou e buscaremos pensar como o comunismo foi experimentado historicamente. Iremos nos focar em duas revoltas importantes, ambas analisadas por Badiou: as revoltas de Maio de 68 e a Revolução Cultural. As demais revoluções – a Russa em 1917, a Chinesa em 1949 e a Cubana em 1959 – serão evocadas ao longo de todo o livro, mas não nos deteremos nelas de maneira pormenorizada. Essa escolha se deve por causa do objetivo deste livro: pensar a relevância da ideia comunista ainda nos dias de hoje. Quando pensamos nos movimentos recentes que retomam o diálogo com o ideário comunista, vemos que eles estão muito mais próximos dos aprendizados adquiridos com Maio de 68 e com a Revolução Cultural, do que com os erros acumulados com a União Soviética. Pensando nesse objetivo, em nosso último capítulo optamos por apresentar um breve panorama de como o comunismo está inserido em discussões políticas recentes – as discussões sobre comunidade e comum, por exemplo. Essas são temáticas que têm inspirado movimentos políticos em todo o mundo, desde programas partidários como o do 15-M na Espanha até o movimento *Occupy Wall Street* nos Estados Unidos. Embora não sejam movimentos propriamente comunistas, partilham com esse ideário a preocupação com a construção de uma sociedade mais igualitária e justa. Esperamos que seja uma leitura agradável e que o fantasma do comunismo, capaz de assustar ainda tantas pessoas, possa ser exorcizado em favor de um conhecimento mais preciso sobre essa corrente de pensamento.

2 CONHECENDO O COMUNISMO

Foi Friedrich Engels, em sua obra *Anti-Dühring*, quem criou as expressões Socialismo Utópico e Socialismo Científico. Embora pareça algo menor, essa distinção entre uma espécie de socialismo e outra é de fundamental importância. Os socialistas utópicos, ou primitivos, partiam da premissa de que a desigualdade era causada por erros de julgamento humano. Um burguês, por exemplo, jamais aceitaria a exploração de um trabalhador se parasse um minuto para pensar. Por esse motivo, homens como Fourier e Saint-Simon, defendem a construção de comunidades operárias autogeridas que, com o passar dos tempos, iriam produzir tanta riqueza que até os burgueses iriam se juntar a esse modelo e, assim, esse desvio exploratório do capitalismo iria se extinguir. Os socialistas utópicos não desejam o fim do capitalismo, apenas uma readequação para um modelo de sociedade mais igualitário. Para Engels, essa percepção ingênua – de que é possível melhorar o capitalismo por meio de associações livres – derivaria do fato de que os antagonismos entre a classe burguesa e a operária não estavam plenamente desenvolvidos, ou seja, o ódio e a incompatibilidade entre essas classes ainda era algo meramente subjetivo, uma diferença de cultura ou gosto.

As revoluções políticas do século XIX, conhecidas como revoluções liberais pela historiografia, e o aumento da precarização do trabalho nesse mesmo século, passou a demonstrar que a incompatibilidade de classes não se deve a uma inadequação de cultura ou gosto, mas a um modelo estrutural do próprio capitalismo. O capitalismo, para sobreviver, necessita expropriar os trabalhadores dos meios de produção, necessita colocar uma parcela da população em tal estado de miséria que ela se veja portadora de uma única mercadoria: sua mão de obra. Apenas ao vender sua força de trabalho para outro, detentor dos meios de produção, o capitalismo começa a avançar. Por esse motivo, era pura ilusão, da parte dos socialistas utópicos, acreditar que o capitalismo permitiria e conviveria bem com essas livres associações de trabalhadores. Qualquer espécie de comunidade autogerida, pautada em valores solidários, é uma afronta ao capitalismo e, logo, merece ser destruída. O capitalismo precisa da desigualdade, precisa da miséria para se perpetuar. A ilusão da meritocracia, de que qualquer um pode vencer a depender de seus esforços, mascara as relações desiguais de que o capitalismo necessita para sobreviver. Sempre será necessário haver uma classe de explorados e outra de exploradores.

Autores como Karl Marx, no campo comunista, e Mikhail Bakunin, no campo anarquista, passaram a compreender essa questão estrutural e a defender que só será possível reformular a sociedade por meio de uma revolução. A desigualdade se tornou algo estrutural, não é possível promover reformas para colocar a sociedade nos eixos. Por isso, apenas uma revolução permitiria a destruição das redes de exploração e a construção de outro modelo de sociedade. A sociedade sem classes, aquela na qual não há opressores nem oprimidos, pauta-se por uma ideia de comunidade na qual tudo pertence a todos, os bens são comunitários, e cada um pode se entregar àquilo que mais lhe agrada. Eis o comunismo. Sobre essa sociedade, Marx e Engels escreveram em *A Ideologia Alemã*

> Com efeito, desde o momento em que o trabalho começa a ser repartido, cada indivíduo tem uma esfera de atividade exclusiva que lhe é imposta e da qual não pode sair; é caçador, pescador, pastor ou crítico e não pode deixar de sê-lo, se não quiser perder os seus meios de subsistência. Na sociedade comunista, porém, onde cada indivíduo pode aperfeiçoar-se no campo que lhe aprouver, não tendo por isso uma esfera de atividade exclusiva, é a sociedade que regula a produção geral e me possibilita fazer hoje uma coisa, amanhã outra, caçar de manhã, pescar à tarde, pastorear à noite, fazer crítica depois da refeição, e tudo isto a meu bel-prazer, sem por isso me tornar exclusivamente caçador, pescador ou crítico (MARX; ENGELS, 1980, p.41).

Percebemos que a primeira forma do capitalismo engendrar desigualdade é por meio da divisão social do trabalho, essa compartimentação em esferas que não permitem que um homem possa exercer muitas funções sem que isso implique em sobrecarga de trabalho ou coisa do gênero. O capitalismo prende as pessoas a esferas produtivas. Por esse motivo, uma das primeiras lutas do comunismo consiste em romper com essa divisão do trabalho em prol de uma relação mais comunitária, em que cada qual faz aquilo que lhe aprouver e contribui para que outros também possam fazer o mesmo – se eu pesco mais peixes do que necessito para minha subsistência, posso doar parte deles a meu vizinho que, por sua vez, poderá me ajudar com algo que ele produziu a mais e de que não necessita. Perceba que não se trata de uma intervenção estatal que, de maneira vertical, iria me obrigar a ceder aquilo que produzi para outro. Na lógica do comunismo, não há estado. O que acontece é que os meios de produção não são considerados propriedades individuais, mas comunitárias. Qualquer um pode produzir aquilo que quiser, pois há condições dadas para tanto. Aquilo que eu produzo pertence a mim e posso intercambiar por aquilo de que eu preciso e que outra pessoa produz. Tudo isso sem a mediação do valor, um preço abstrato criado apenas para considerar o lucro alheio sobre o produto. Mas como produzir uma sociedade desse porte? Essa é a questão que move Marx em suas pesquisas.

Em primeiro lugar, Marx considera que a sucessão de modos de produção acontece sempre de maneira dialética – veremos isso com mais vagar à frente. Assim, o modo de produção comunista, no qual os meios de produção pertencem a todos de maneira indiscriminada, sucederá ao modo capitalista de maneira natural. Isso se deve porque, como nota Marx em *O Manifesto Comunista*, a história é sempre movida pelos conflitos de classes. No feudalismo, o conflito entre senhores e servos chegou a tal grau que o próprio sistema feudal entrou em colapso, permitindo o surgimento do modelo capitalista que, na concepção marxista, produziu também um conflito entre burgueses e proletários. Esse conflito, assim como ocorreu no feudalismo, irá levar ao colapso do sistema e a ele se sucederá uma fase transitória em direção ao comunismo, único estágio histórico no qual não haverá conflito de classes.

Você talvez tenha percebido que Marx concebe uma evolução histórica quase que mecânica – do feudalismo para o capitalismo e daí para o comunismo. De fato, assim é. Por esse motivo, Engels se refere à obra de Marx como integrante de um socialismo científico. O autor do *Manifesto Comunista*, para Engels, percebeu as leis que movimentam a história e suas análises são mais objetivas e certas do que aquelas promovidas pelos socialistas utópicos. Marx sabe que não basta reformar uma sociedade para dizimar a desigualdade, a história assim o ensinou. Enquanto os meios de produção continuarem nas mãos de uma única classe, não haverá liberdade e igualdade. Ora, mas se Marx percebeu essas leis no século XIX e teve tanta certeza sobre o fim do capitalismo, por qual razão o comunismo não vingou?

Há muitas respostas para essa pergunta, mas duas bastam por ora. A primeira resposta possível diz respeito às próprias experiências comunistas que vimos surgir ao longo da história. Tanto a União Soviética quanto a China e Cuba, implementaram modelos de governo que não seguiram muito bem os preceitos defendidos por Marx. Eram corruptelas de sua teoria, apenas. Além disso, Marx aponta que haverá uma transição do capitalismo para outra forma de governo, mas em nenhum momento de sua obra ele diz que o comunismo viria logo a seguir – outras formas de capitalismo poderiam surgir, por exemplo. O comunismo virá, sem dúvida, mas não se sabe quando. No século XIX, Marx acreditava que o proletariado estava amadurecido o suficiente para tomar o poder e socializar os meios de produção. Após 1871, com os eventos da Comuna de Paris, ele começou a desconfiar que seu prognóstico talvez estivesse errado, ainda não parecia ser o momento dessa tomada de poder. No Livro III de *O Capital*, Marx já modifica sensivelmente seu prognóstico e chega a sugerir que a revolução tardaria mais do que ele próprio esperava.

Isso tudo significa que Marx estava errado? Sim e não. Por um lado, sim. Marx errou em muitos dos seus prognósticos. Quando escreveu o *Manifesto Comunista*, Marx acreditava que o operariado inglês seria o primeiro a se revoltar. Por isso publicou seu texto em um jornal da Inglaterra, para incentivar ainda mais a classe operária daquele país rumo à revolução. Após a Revolução de 1848, porém, passou a acreditar que a revolução viria por meio dos trabalhadores alemães, mas também errou em sua análise. Foram os franceses, em 1871, que se rebelaram de maneira radical contra a exploração do capital. Apenas no volume III de *O Capital*, publicado postumamente, Marx parece ter acertado. Ali, ele chegou a sugerir que a Rússia começava a se agitar e, talvez, essa agitação pudesse culminar numa revolução. De fato, em 1917 eclodiria a Revolução Russa e, pela primeira vez na história, veríamos uma tentativa de implementação de um governo socialista. Ainda assim, embora tenha vislumbrado uma centelha revolucionária vinda da Rússia, Marx acreditava que aquele país não estava plenamente preparado – havia ainda muitos resquícios de estruturas feudais, o país era composto majoritariamente por servos e a classe operária não estava realmente organizada. Então, Marx errou muitas vezes.

Ao mesmo tempo, acertou em muitos de seus prognósticos. Concordemos ou não com suas teorias políticas, as análises do modo de produção capitalista feitas por Marx são as mais ricas já feitas na história. Mesmo os adeptos do neoliberalismo, como é o caso de Milton Friedman, concordam nesse aspecto. Ou seja, mesmo um detrator do marxismo, interessado apenas na instauração do livre mercado sem impeditivos de nenhuma ordem, sabe que, para entender o capitalismo, é preciso ler *O Capital*. Marx, portanto, acertou ao analisar o capitalismo. Acertou ainda mais, podemos dizer, ao apontar o poder regenerativo inerente a esse modo de produção. Para Marx, quanto mais a classe operária demorasse para tomar o poder, mais o capitalismo iria se renovar e engendrar novas formas de dominação. No livro III de *O Capital*, ainda, Marx oferece um vislumbre daquilo que iria acontecer com esse modo de produção, ao perceber que, muito em breve, o capitalismo deixaria de operar numa lógica de financeirização, atrelada ainda ao acúmulo de moeda ou de espécie para geração de riqueza, para operar na lógica da especulação, na qual o jogo especulativo em prol da valoração da própria moeda interessa mais do que a acumulação da moeda em si. Bem, Marx acertou. Há muito tempo que as maiores fontes de lucro não são mais a compra e venda de produtos, o comércio e a produção, mas a especulação em bolsas de valores.

Como o leitor deve ter percebido, não é possível falar de comunismo sem falar de capitalismo. E isso se deve pela simples razão de que um tende naturalmente ao outro, uma classe gera os seus próprios algozes – esse é o movimento dialético da história. Por isso, nesse capítulo, iremos nos deter nas análises de Marx sobre a história e sobre o capitalismo para, a partir disso, compreender como seria possível o nascimento da sociedade comunista e como ela haveria de operar. Há outros autores que poderíamos abordar – Lenin, Rosa Luxemburgo, Trotsky e tantos outros –, mas todos apenas retomaram e prolongaram as análises de

Marx, sobretudo aquelas sobre quais seriam as reais condições para a produção de uma revolução comunista.

a. O movimento dialético da história

"A história de toda a sociedade até hoje existente é a história das lutas de classe", diz Marx em seu *Manifesto Comunista*. Para o pensador alemão, a historiografia e a filosofia de sua época erraram quando buscaram dizer qual era o sentido da história. Marx, um ex-discípulo de Hegel, criticou seu mestre por este considerar que a história era uma margem ininterrupta em direção ao progresso do espírito. O espírito, aqui, não diz respeito a qualquer manifestação divina, mas sim à evolução da razão. Para Hegel, o homem caminha para o reconhecimento de uma força racional que o move e que move a si própria, sendo a história o local em que a razão se realizaria plenamente. Haveria um fim da história, em Hegel, marcado pelo fim dos conflitos humanos. Marx também partilha dessa última concepção, mas para ele o fim da história não é o momento da realização do espírito, mas da realização da sociedade comunista.

O problema de Hegel, dizem Marx e Engels tanto em *A Ideologia Alemã* quanto em *A Sagrada Família*, foi ter concebido que aquilo que move a história é uma força abstrata que paira acima de tudo e de todos. Ledo engano, o que move a história são as forças materiais – a economia, se preferirem. Essa confusão fez com que Marx e Engels ironicamente afirmassem em *A Ideologia Alemã*.

"Certa vez, um bravo homem imaginou que, se os homens se afogavam, era unicamente porque estavam possuídos pela ideia da gravidade. Se retirassem da cabeça tal representação, declarando, por exemplo, que se tratava de uma representação religiosa, supersticiosa, ficariam livres de todo perigo de afogamento. Durante toda a sua vida, lutou contra essa ilusão da gravidade, cuja consequência perniciosa todas as estatísticas mostravam, através de provas numerosas e repetidas. Esse bravo homem era o protótipo de novos filósofos revolucionários" (MARX; ENGELS, 2007, p. 85).

Apenas pessoas embebidas desse modelo idealista hegeliano poderiam acreditar que a causa do afogamento não deriva da entrada de água nos pulmões, mas da crença na lei da gravidade, que impele os corpos para baixo. Se acabassem com essa crença, talvez os homens deixassem de se afogar. Não, dizem Marx e Engels, a causa do afogamento é puramente material. O mesmo vale para a história. Não é a crença no espírito ou na razão que move o curso das coisas, mas os modos de produção. Por isso toda história é a história da luta de classes. Qualquer modo de produção se baseia numa relação explorador-explorado. Assim, na antiguidade, tínhamos a relação homem livre-escravo. A filosofia só foi possível de ser inventada, para os homens livres de Atenas, por causa de um intenso sistema de exploração escravista que garantia para uns a liberdade para pensar. No feudalismo, essa relação estava posta entre senhores e servos; assim como no capitalismo, entre burgueses e proletários.

Todas essas relações são, por natureza, exploratórias e, por esse motivo, geram uma tensão que, conforme vai crescendo, tende a explodir até que o modo de produção vigente ceda espaço a outro modo. Assim, em certa altura da Antiguidade, as sociedades passaram a possuir mais escravos que homens livres em sua composição e inúmeros conflitos tiveram início. No feudalismo, o modo como os servos eram tratados – quase que em regime de escravidão – e a ânsia dos senhores por dominar as terras comuns, produziram conflitos que só conseguiram ser apaziguados com a dissolução dos feudos e do modo de produção feudal. O mesmo, em tese, aconteceria com o capitalismo.

Esse movimento histórico, na concepção de Marx, é dialético por excelência. Toda base produtiva, a tese, engendra uma classe de explorados, a antítese, que quanto mais são explorados mais se rebelam contra o sistema, a fim de produzir uma revolução social, a síntese. Foi isso que aconteceu com as sociedades precedentes e é isso, muito provavelmente que acontecerá com o capitalismo. Por qual razão Marx pode afirmar algo desse porte? Por conta das extensas análises históricas por ele realizadas. Para além do Marx teórico, interessado em discutir com os filósofos alemães, há um Marx historiador, que analisou a evolução de diversas sociedades, atentando para o modo como a base material dessas sociedades produziu uma classe de explorados que lutou por sua libertação. Esse método de análise histórico foi chamado de Materialismo Histórico ou Dialético. Qual a razão de ser desse nome? Isso se deve por se tratar de uma análise que privilegia a evolução material das sociedades, compreendendo por isso: o modo como os homens produzem sua vida material. Para Marx, os homens não se confundem com aquilo que produzem, mas com o modo como produzem. Ou seja, um modo de produção escravocrata implica uma relação de produção escravagista e isso molda toda a vida social. Todas as instituições sociais, toda a cultura também, passará a ser determinada por esse modo de produção. A escravidão se torna algo tão natural que sequer é notada pelos demais cidadãos, parecendo com algo que sempre esteve ali. O Estado é criado visando salvaguardar essa instituição, criando códigos e leis capazes de garantir que um homem livre não seja prejudicado por seu escravo. Com o passar do tempo, conforme a massa de escravos cresce a ponto de se tornar perigosa, o Estado e a sociedade civil mudam as relações de trabalho, visando apaziguar o conflito. Os donos do dinheiro, porém, continuam mandando. E esse movimento prossegue até chegar no capitalismo da época de Marx.

Diferente de outras tantas épocas, porém, o capitalismo é uma época diferente por muitos motivos. Em primeiro lugar, a burguesia ascendente conseguiu destituir do poder a nobreza. Pela primeira vez, uma classe conseguiu roubar o poder de outra. Mas isso teve um preço: a criação da classe proletária, uma classe universalmente explorada. Marx entende que, antes do século XIX, não havia condições materiais para uma revolução acontecer; apenas naquele momento havia uma classe que, por causa de sua superioridade numérica, já não se qualificava apenas como classe, era uma nação. Uma comunidade de homens e mulheres explorados ao redor de todo o mundo e que, caso se organizassem, fariam valer seu interesse, podendo instaurar a sociedade comunista.

b. A sociedade comunista

Como definir a sociedade comunista? Ora, essa é a maior dificuldade para todos os teóricos interessados em estudar o marxismo. Uma tarefa quase impossível, dizem alguns. Por qual razão? Estamos imersos na sociedade capitalista e, por esse motivo, não conseguimos imaginar o que significa viver uma vida sem Estado, sem exploração e sem concorrência, o que significa poder usufruir de tudo aquilo que produzo, recebendo condições dignas para produzir toda e qualquer coisa. Marx oferece apenas aquela imagem bucólica apresentada no início do capítulo, na qual um homem na sociedade comunista pode pescar de manhã, fazer crítica à tarde e escrever poesia à noite. Mas, efetivamente como opera o comunismo, como podemos identificar uma sociedade comunista? Em *A Ideologia Alemã,* Marx e Engels nos dão algumas pistas:

Da concepção de história que adotamos, produz-se o seguinte resultado: 1º) No desenvolvimento das forças produtivas chega-se a uma fase onde surgem forças produtivas e meios de intercâmbio que, no quadro das relações existentes, apenas causam estragos e não são mais forças produtivas, mas forças destrutivas; e, ligada a isso, surge uma classe que tem de suportar todos os encargos da sociedade sem usufruir de suas vantagens; que, expulsos dela, é forçada à mais decidida oposição a todas as outras classes – uma classe que engloba a maioria dos membros da sociedade e da qual emana uma consciência da necessidade de uma revolução radical, a consciência comunista, que pode se formar, naturalmente também entre as outras classes; graças à percepção da situação dessa classe (MARX; ENGELS, 2007, p. 108-9).

O comunismo parte de uma solidariedade originada da própria exploração. Há uma consciência de que se chegou a um nível de exploração nunca antes visto. Por qual razão isso ocorreu apenas no capitalismo e não em outra sociedade? Como nota Karl Polanyi em *A Grande Transformação*, o capitalismo foi o único modelo de produção que percebeu que tudo poderia ser transformado em mercadoria: a mão de obra, a terra e o próprio dinheiro. No capitalismo, tudo virou mercadoria.

De acordo com Polanyi, antes do capitalismo havia sociedades baseadas em um dos três modelos econômicos clássicos: redistributivas, recíprocas e familiares. No modelo redistributivo, a terra pertencia ao estado que as distribuía a seu bel-prazer. É o modo de produção que Marx chamou de asiático. No recíproco, cada um produz aquilo que lhe compete e troca por bens de mesmo valor – não há moeda, portanto. O feudalismo corresponde a esse modelo. Já no modelo familiar, vigora uma economia de subsistência, na qual a família produz tudo aquilo de que necessita e não busca intercambiar mercadorias com nenhuma outra família. Esse é o modelo vislumbrado na alta antiguidade. O capitalismo é único por que desagrega todos os núcleos familiares e organizações, obrigando todos os sujeitos a vender sua força de trabalho caso queiram sobreviver. Ou seja, pela primeira vez na história, todos se tornam mercadoria. O valor de sua hora de trabalho passa a ser remunerado, a vida se torna monetarizada. As pessoas devem calcular quanto devem trabalhar para sobreviver, uma vez que qualquer coisa passa a ter um preço. A terra, por sua vez, também adentra na lógica do mercado. Antes, na época feudal, por exemplo, sempre existiram terras comunais que podiam ser usadas por todos. O capitalismo acaba com essas terras, transformando-as também em mercadoria.

É a primeira vez, portanto, que tudo recebeu um preço e passou a vigorar a lógica da concorrência. Essa forma de exploração colocou um número de pessoas na miséria como nunca antes e isso permitiu o surgimento de uma consciência da exploração que poucos antes tiveram – os escravos, sobretudo. Essa consciência da exploração, por sua vez, gera um sentimento de solidariedade que, algumas vezes, transcende a própria classe. Os socialistas utópicos dão prova dessa solidariedade, por exemplo. Embora trabalhassem a favor da sociedade capitalista, não deixavam de mostrar solidariedade aos trabalhadores.

Disso surge o primeiro elemento importante. A sociedade comunista é pautada em uma solidariedade originada da consciência de que todos são iguais e merecem a liberdade, merecem romper com os vínculos de opressão. Como, porém, não permitir o surgimento da opressão na sociedade comunista? Marx e Engels, mais uma vez, respondem:

> 2º) as condições sob as quais determinadas forças produtivas podem ser utilizadas são as condições de dominação de determinada classe da sociedade, cujo poder social decorrente de sua riqueza, encontra sua expressão prático-idealista na forma do Estado imperante em cada caso; eis por que toda luta revolucionária é dirigida contra uma classe, que até agora dominou. 3º) Em todas as revoluções anteriores, o modo de atividade permanecia intacto, e tratava-se apenas de conseguir outra forma de distribuição dessa atividade, uma nova distribuição do trabalho entre as pessoas, en-

> quanto que a revolução comunista é dirigida contra
> o modo anterior de atividade, suprime o trabalho e
> supera a dominação de todas as classes ao superar
> todas as classes (MARX; ENGELS, 2007, p. 108-9).

Como a história segue um movimento dialético, é natural que as classes exploradas dirijam seu ódio contra a classe exploradora, sem necessariamente buscar destruir o modo de produção vigente. Por isso, da sociedade escravocrata para a sociedade feudal, mudou-se o modo como se realizava a exploração, mas nunca a exploração em si e tampouco as estruturas exploratórias. Pela primeira vez, a classe oprimida busca atacar não só a classe opressora, mas também o modo de produção. Isso significa atacar o Estado, essa entidade abstrata que assume sempre os interesses da classe dominante de cada época e permite que a exploração ocorra sem maiores problemas.

Na sociedade comunista, não só não haverá Estado, como tampouco haverá classe. Todos serão tratados de maneira igual, como homens livres. Nesse sentido, não haverá qualquer distinção entre uns e outros. A divisão social do trabalho entre diversas modalidades será abolida. Um homem poderá finalmente ser poeta, pescador e crítico. Os saberes ficarão ao alcance de todos, cada um poderá se engajar na atividade que bem quiser.

É um modelo de vida comunitário, sem hierarquias e distinções. De certo modo, Marx se inspirou nas comunidades agrícolas feudais. Era comum, durante a Idade Média, que servos angustiados diante da exploração de seus senhores se rebelassem e fugissem para as terras comunais. Ali, se instalavam e passavam a viver daquilo que plantavam ou da troca de mercadorias por eles produzidas com outras comunidades. Dentro desses grupos, havia padeiros, marceneiros, sapateiros, moleiros, toda classe de homens. Uns ensinavam aos outros as artes dos seus ofícios ou, quando o outro não se interessava em aprender, trocavam as mercadorias prontas. O valor da mercadoria era medido por seu valor de uso, apenas. O que isso significa? Que o valor de uma mercadoria é medido pela necessidade que dela tenho e não pela regra do mercado. Dentro dessa lógica, as trocas são feitas de maneira mais natural. Troco uma cadeira por um queijo, por exemplo, uma vez que sei fabricar cadeiras, mas não sei fabricar queijo. Ora, mas a cadeira não demandou mais trabalho que o queijo? Pode ser, mas minha maior necessidade é por comida apenas. As trocas não são feitas visando gerar lucro, riqueza para ser acumulada, mas sim para satisfazer uma necessidade apenas. Quando o modelo feudal começa a se desagregar, essas comunidades passam a ser perseguidas e a terra da qual viviam é transformada em mercadoria e comprada pelos mais ricos. Esse modo de vida, contudo, inspirou Marx para pensar a sociedade comunista.

4º) A transformação em larga escala dos homens torna-se necessária para a criação em massa

> desta consciência comunista, como também para o sucesso da própria causa. Ora, tal transformação só se poder operar por um movimento prático, por uma revolução; esta revolução é necessária, entretanto, não só por ser o único meio de dominar a classe dominante, mas também porque apenas uma revolução permitirá à classe que derruba a outra varrer toda a podridão do velho sistema e tornar-se capaz de fundar a sociedade sobre bases novas (MARX; ENGELS, 2007, p. 108-9).

Por fim, Marx e Engels encerram lembrando que a transformação dos homens necessita de uma guinada de consciência, guinada que o capitalismo de sua época começou a produzir, mas que necessita ser incrementada por meio de uma revolução. A revolução, como ato radical em prol da extinção da exploração e das estruturas exploratórias, conseguirá limpar o terreno para que outra sociedade frutifique.

Bem, o problema maior é que essas diretrizes são abstratas. Sim, o comunismo implica uma sociedade sem classes, sem exploração de nenhuma ordem e sem Estado, ancorada numa consciência de que todos são iguais. Sabemos que, para isso acontecer, será preciso uma revolução. Mas como será o dia depois da revolução? Como faremos para impedir que outras pessoas tomem o poder e ajam em interesse próprio?

Marx sugeriu que a adoção do comunismo deveria seguir algumas fases. Uma primeira, após o período revolucionário, na qual os proletários iriam introduzir uma ditadura do proletariado. Esse é o momento denominado por Marx de fase inferior da sociedade comunista. Por qual razão essa fase é necessária? Embora a revolução vise acabar com o Estado, a distribuição dos meios de produção e a equiparação das riquezas não acontecerá da noite para o dia. Tampouco a ampliação da consciência. Essa fase é importante, pois ela permitirá ao proletariado se organizar e acabar com as últimas estruturas de opressão. Ao longo dessa fase, na concepção de Marx, os homens organizariam pequenas comunidades pautadas no trabalho livre, cada um produzindo aquilo de que precisa, e grupos de cooperação entre os indivíduos. Muitas experiências históricas, aquela da União Soviética, por exemplo, chegaram a instaurar aquilo que denominaram de ditadura do proletariado, mas jamais saíram dessa etapa. Lembramos que, como dissemos na introdução deste livro, o comunismo é uma teoria. Aqui apresentamos o modo como essa teoria surgiu e o que ela defende; agora convém analisar como ela foi aplicada em diferentes momentos da história.

3 AS EXPERIÊNCIAS COMUNISTAS AO LONGO DA HISTÓRIA

Ao pensar um modelo para a sociedade comunista, Marx provavelmente resgatou alguns exemplos históricos: as vilas comunitárias ao longo da Idade Média, pautadas em uma economia de subsistência; as experiências autogestionárias dos trabalhadores, inspiradas nos ideais de Saint-Simon e Fourier; e outras tantas associações pautadas no trabalho livre e na cooperação. O modelo que Marx viu mais de perto, porém, foi aquele da *Comuna de Paris*, revolta proletária que estourou em 1871. O filósofo alemão se encantou com a maneira como, em menos de uma semana, os trabalhadores acabaram com todas as formas de autoridade, expulsando da cidade políticos, policiais, padres e quem mais estivesse alinhado a alguma espécie de conservadorismo. Implementaram escolas públicas defensoras do ensino laico, distribuíram moradias àqueles que não possuíam um lar, organizaram mutirões de trabalho para garantir o abastecimento da cidade e também sua proteção, e outras tantas coisas mais. A comuna, de alguma forma, demonstrou que era possível outro tipo de sociedade.

Não tardou, porém, para que outros países ficassem receosos em relação aos desdobramentos desse movimento. E se os operários de outras regiões, de outros países, resolvessem tomar o poder? O que iria acontecer com o velho sistema burguês? Seria destruído, muito provavelmente. Receosos de que isso pudesse acontecer, as nações europeias se reuniram e ofereceram apoio militar ao presidente francês para retomar Paris. Essa retomada, por sua vez, deveria servir de lição para os demais operários, instilando o medo em seus corações, de modo que eles jamais voltassem a se rebelar. Em pouco menos de um mês, a Comuna matou algo em torno de cem pessoas – muitas por acidentes pessoais. Em cinco dias de batalha pela retomada de Paris, contudo, o exército francês com apoio do exército prussiano, matou cinco mil pessoas; muitas delas foram fuziladas em praça pública. Era esse o recado que queriam deixar para os demais trabalhadores do mundo.

Marx acompanhou de perto aquilo que aconteceu em Paris e, se por um lado ficou feliz com tudo que os trabalhadores conseguiram construir em tão pouco tempo, ficou também assustado com a reação desmedida dos governantes. Ao analisar o movimento, em seu livro *A Guerra Civil na França*, chegou a algumas conclusões sobre como o operariado deveria se portar. Para Marx, o maior erro da classe operária foi não ter prosseguido com a revolta, levando-a a outras localidades por meio de alianças com trabalhadores de outras cidades e, assim, podendo negociar de igual para igual com o presidente da época, Thiers. Além disso, por conta de sua raiva contra qualquer forma de autoridade, os trabalhadores organizaram assembleias nas quais todos possuíam direito a voto. Para Marx, esse modelo de organização atrasou a tomada de decisões e prejudicou o progresso do movimento. Era necessário eleger uma classe dirigente capaz de assumir o processo e deliberar sobre medidas urgentes, a fim de preservar o processo revolucionário.

Os erros vislumbrados por Marx em *A Guerra Civil na França* o levaram a formular a hipótese de que, para a implementação da sociedade comunista, seria necessária uma fase transitória, uma fase que ele denominou de ditadura do proletariado. Nesse período, haveria uma classe dirigente que deliberaria em nome de todos e conduziria o processo revolucionário. Eles conduziriam o processo até que outros trabalhadores se juntassem à causa e, com a derrubada da burguesia em todo o mundo, pudesse ser implementada outra sociedade.

Outros autores, tempos depois, iriam dialogar com essas propostas marxistas. Lenin, por exemplo, iria corroborar o prognóstico de Marx e passaria a defender a necessidade de uma classe dirigente conduzindo o processo. Em *O que fazer?*, Lenin apresenta a ideia de vanguarda proletária. Nessa obra, lemos:

> Em todos os países europeus, o socialismo e o movimento operário, em seu início, existiram se-

paradamente. O movimento operário não sendo iluminado pela ciência de vanguarda de sua época continuava reduzido, fracionado, sem adquirir nenhuma importância política. Por isso em todos os países vimos manifestar-se com força a tendência de fundir-se o socialismo como o movimento operário num único movimento social-democrático; essa função dá origem a uma forma superior do movimento operário e socialista, o Partido Social-Democrata independente (LENIN, 2019, p. 45).

Para Lenin, há sempre uma revolta espontânea da massa. Os trabalhadores, sempre que possível, irão se revoltar e reivindicar seus direitos, basta oferecer-lhes meios para tanto. O problema é que essa revolta é sempre imprecisa, mal dirigida. No trecho acima, Lenin argumenta como, ao estourar a revolta, os trabalhadores acabam migrando para um ideário socialdemocrata sem atentar por isso e, desse modo, o ímpeto revolucionário acaba sendo doméstico e transformado em mera pressão reformista. Para a revolta não se transformar em desejo de reforma, convém ter um movimento organizado, o partido de vanguarda, que poderá tomar as decisões e encaminhar os trabalhadores para o caminho revolucionário.

Isso não significa, porém, que essa classe dirigente conduzirá as massas sem prestar contas, não se trata disso. Lenin, ainda em *O que fazer?*, diz:

> Não nos isolemos do povo revolucionário, mas submetamos a seu veredicto cada um de nossos passos, cada uma das nossas decisões, apoiemo-nos por inteiro, e exclusivamente, na livre iniciativa que emana das próprias massas trabalhadoras (LENIN, 2019, p. 62).

A vanguarda sempre deve prestar contas de suas decisões e, caso a massa de trabalhadores discorde de algo, deve rever a decisão tomada. Assim que as massas demonstrarem suficiente amadurecimento para conduzir a revolta, sem a necessidade do partido de vanguarda, este deve se retirar de cena. Stálin, tempos depois, se esqueceria dessa diretriz e, visto como o grande líder da nação, deixaria de ouvir os trabalhadores da União Soviética sobre quais rumos tomar.

Outro pensador comunista, Leon Trotsky também dialogaria com as hipóteses esboçadas por Marx na época da Comuna de Paris. Para Trotsky, o processo revolucionário não poderia jamais se deter em um só país, devendo continuar até que todo o globo fosse governado pelos trabalhadores. É a ideia de exportar a revolução. A vanguarda, por sua vez, deveria possuir um papel bem mais restrito do que aquele conferido por Lenin, devendo apenas deliberar sobre quais estruturas derrubar e como proceder com a partilha dos bens locais. O tempo da implementação comunista seria o tempo da revolução global; encerradas as lutas contra a sociedade burguesa, a vanguarda sairia de cena e o modelo comunista seria adotado por todos incondicionalmente. Essa leitura trotskista encontraria resistência por parte de Stálin – vale lembrar que ambos, Stálin e Trotsky, brigavam para decidir quem assumiria o poder na União Soviética após a morte de Lenin –, para quem, antes de exportar a revolução para outros países, seria necessário aprimorar o modelo comunista em uma única nação – a União Soviética, no caso. Stálin acabaria ganhando a disputa e acabaria não só expulsando Trotsky da União Soviética como também buscaria apagar todo o seu legado, censurando seus escritos e perseguindo seus seguidores.

Em outro campo, aquele dito anarquista, autores como Bakunin e Kropotkin criticaram as teorias marxistas, embora convergissem no interesse em promover uma sociedade sem hierarquias e sem exploração. Para eles, a revolução era necessária, só ela poderia varrer da face da terra as estruturas do Estado burguês, responsáveis pela propagação da exploração. Diferentemente, porém, daquilo que defendia Marx, os autores do filão anarquista são contrários tanto à ideia de uma vanguarda responsável por conduzir o processo quanto com a proposta de uma fase intermediária para implementação do comunismo, a assim chamada ditadura do proletariado. Para eles, nenhum operariado teria o poder de dirigir a classe trabalhadora, uma vez que não há nada que garanta sua autoridade sobre os demais – todos são iguais diante da exploração, ninguém é melhor que ninguém. A solidariedade é possível, mas sem que isso gere o comando de uns sobre outros. Se isso acontecer, é Bakunin quem diz isso em *O Estado e a Revolução*, acabará se criando uma nova classe dentro do operariado, a dos dirigentes, e isso gerará nova tensão. A ideia de uma fase transitória também é questionada. Enquanto alguém permanecer no poder, dizem os anarquistas, a exploração continuará. Nada impede que um líder, ou um conjunto de líderes, legisle de maneira totalitária, visando apenas satisfazer seus próprios interesses. Se o objetivo é instaurar uma sociedade democrática, isso só se fará por meio da revolução. Iniciado o processo revolucionário, todas as estruturas estatais, todas as antigas formas de dominação, deverão ser destruídas pelo fogo revolucionário e, de suas cinzas, nascerá a nova era.

Até os eventos da Comuna de Paris, Bakunin e Marx eram colegas de pensamento, defendiam o mesmo ideário e buscavam o mesmo fim revolucionário. Quando eclodiu a revolta em 1871, porém, passaram a divergir. Enquanto Marx passava a defender a ideia de uma classe dirigente e de uma fase transitória, Bakunin adotou uma postura ainda mais radical. Para ele, a revolução deve ser um ato contínuo – muito similar àquilo que Trotsky afirmaria anos mais tarde –, que só cessaria quando o mundo inteiro estivesse ardendo nas chamas da revolução.

Além disso, passou a defender o terrorismo como a forma mais eficaz de ação revolucionária. Para Bakunin, os anarquistas deveriam se reunir em sociedades secretas e planejar atentados contra os principais símbolos da burguesia – bancos, bolsa de valores, empresas etc. As ideias de Bakunin influenciaram uma boa parcela do movimento anarquista do século XIX, gerando uma onda de atentados terroristas como poucas vezes se viu.

Como podemos ver, há muitas dúvidas sobre como implementar uma sociedade comunista e muitas teorias contraditórias. Há, também, muitas pessoas interessadas em exercer o poder para benefício próprio – como foi o caso de Stálin. As experiências históricas ensinaram valorosas lições para Marx, Bakunin, Lenin e Trotsky, fora tantos outros. Ninguém sabe ao certo como implementar o comunismo e, além disso, todas as tentativas falharam enormemente por uma ou outra razão. Por isso, a tese defendida por Alain Badiou em *A Hipótese Comunista* é importante. O comunismo é uma teoria e, como toda teoria, passível de interpretações equivocadas. Essas interpretações geraram experiências desastrosas que não devem ser desconsideradas, uma vez que é por meio dessas tentativas que podemos aprender como aprimorar a hipótese inicial, a hipótese de que é possível construir uma sociedade mais justa e igualitária. Para compreendermos essas tentativas, em primeiro lugar, convém desconfiar da ideia de fracasso.

> O que significa exatamente fracassar, quando se trata de uma sequência da História em que essa ou aquela forma da hipótese comunista é experimentada? O que quer dizer exatamente a afirmação de que todas as experiências socialistas sob o signo dessa hipótese fracassaram? Esse fracasso é radical, isto é, exige o abandono da própria hipótese, a renúncia de todo o problema da emancipação? Ou é apenas relativo à forma, ou à via, que ele explorou e em que ficou estabelecido, por esse fracasso, que ela não era a forma certa para resolver o problema inicial? (BADIOU, 2012, p. 9).

Badiou é radical ao propor que tratemos a hipótese comunista tal qual uma equação matemática. Algumas equações, como é o caso do teorema de Fermat, demoraram três séculos para serem resolvidas. Cada nova experiência resultava em um fracasso, mas esse fracasso não levou os estudiosos da matemática a evitar a questão e eles continuaram buscando uma solução satisfatória para o problema. Por qual razão não fazemos o mesmo para as teorias políticas?

As experiências históricas, caso concordemos com Marx, possuem uma natureza dialética, nos lembra Badiou. Essa natureza dialética faz com que as revoluções sempre gerem uma parte negativa (a dita antítese, que é sempre imediatamente notada – as mortes, as prisões, as traições, a dispersão etc.), e também uma parte positiva (balanço tático e estratégico, mudança nos modelos de ação, invenção de novas formas de organização, etc.). Em geral, até mesmo para fazer calar a centelha revolucionária, a classe burguesa insiste em propagar a face negativa das revoluções, insistindo em mostrar o quanto um regime matou ou quantas pessoas passaram fome em uma determinada época sob o mando do ditador X. É essa face negativa que alimenta o imaginário macabro do comunismo. A regra que usam para falar do comunismo, porém, é logo esquecida para falar do capitalismo.

Como todo modelo de produção, o capitalismo também possui uma natureza dialética. Há uma face positiva, sem dúvida. Para a pensarmos, basta medirmos as condições de vida da população atual com as dos nossos antepassados. Conquistas como saneamento básico, medicina preventiva, seguridade social, educação pública e tantas outras coisas estão aí para o provar. Obviamente que temos que lembrar que, em sua maioria, essas conquistas não se deram sem protestos. Para os adeptos das teorias capitalistas mais selvagens, como o já mencionado Milton Friedman, o Estado não deve ofertar nada para a população; por isso todos esses bens que ajudaram a aumentar as condições de vida da população deveriam ser distribuídos apenas àqueles com condições de pagar por esses serviços. E os demais? Morreriam na miséria. Foi por causa, portanto, de revoltas conduzidas por comunistas, anarquistas, socialistas e tantos outros – católicos, também –, que essas medidas foram distribuídas. Ou seja, mesmo a face positiva do capitalismo é positiva devido às lutas promovidas por pessoas que partilham um pensamento de esquerda. Bem, a face negativa é bem mais fácil de ser identificada. A fome mundial, por exemplo. Como pode um continente que tantas riquezas gerou para os países europeus e para os Estados Unidos, ser o continente com as maiores taxas de miséria? Com milhões de pessoas passando fome? Na época do imperialismo, muitas potências europeias foram até os países africanos roubar suas riquezas sem investir um centavo qualquer na melhoria da condição de vida daquela população, relegada à mais pura miséria. Hoje, as empresas farmacêuticas testam seus medicamentos em território africano, como se estivessem dando ajuda humanitária e, após os testes, vão em busca de mercados mais vantajosos, deixando a população desamparada.

Não precisamos falar da África para falar da frente negativa do capitalismo; veja-se o número sempre expressivo de moradores em condição de rua nas grandes metrópoles. Pessoas que, por não conseguirem se estabelecer no mercado de trabalho formal, perderam sua renda e, sem qualquer forma de suporte material por parte do estado burguês, foram obrigadas a viver nas ruas. Enfim, fracassos há por toda a parte. Por qual razão só nos detemos nos fracassos do comunismo? Por que não falar também dos fracassos do capitalismo? Enfim, é preciso mudar a ideia de fracasso e, nesse ponto, Badiou nos ajuda ao afirmar:

> O que é preciso notar é que praticamente todo fracasso remete ao tratamento inadequado de um ponto. Todo fracasso é localizado em um ponto. E é por isso que todo o fracasso é uma lição que se incorpora por fim na universalidade positiva da construção de uma verdade. Para isso, é preciso localizar, encontrar e reconstruir o ponto a respeito do qual a escolha foi desastrosa (BADIOU, 2012, p. 25).

Comunistas e anarquistas, há tempos, estão dispostos a aprender com os seus erros, tentando enxergar o ponto em que erraram e como podem melhorar sua estratégia, aprimorando sua teoria. O mesmo não se pode dizer dos teóricos capitalistas, cegos às próprias experiências históricas. Pensando nas grandes experiências históricas do comunismo e naquilo que elas erraram de algum modo, Badiou se detém em três grandes movimentos: o maio de 68 na França, a Revolução Cultural chinesa e a Comuna de Paris. Para os fins deste livro introdutório, iremos apresentar a leitura de Badiou sobre as duas primeiras revoltas, para depreendermos as lições possíveis, a fim de clarear os rumos do comunismo.

Por qual razão não tratamos da Revolução Russa ou

da Revolução Cubana? Em primeiro lugar, o espaço exíguo deste livro nos impede de nos aprofundarmos em todas as experiências históricas que gostaríamos. E, em segundo lugar, as críticas dirigidas a esses movimentos são fáceis de ser encontradas – tanto as críticas de direita quanto aquelas da própria esquerda. Há tanta polêmica envolvendo esses movimentos, por fim, que discuti-los novamente seria apenas engrossar ainda mais esse debate que, como nota o próprio Badiou, já se mostra inócuo. Além disso, ambas as revoluções citadas acima não são grandes parâmetros, pelos motivos que seguem. A Revolução Russa errou ao permitir a subida ao poder de Stálin que, com sua leitura enviesada de Marx, usou a estrutura da União Soviética para perseguir os seus inimigos e conquistar benefícios para seus amigos. Ou seja, a história da União Soviética é um apanhado de erros sem fim e suas medidas adotaram, de largada, uma teoria muito distante daquela propagada nos escritos de Marx. Cuba, por sua vez, errou ao perseguir homossexuais e uma parte importante de sua intelectualidade. Embora tenha atentado para o erro ao longo do percurso, chegando a pedir desculpas a todos os perseguidos, essas perseguições marcaram de maneira indelével sua história. No plano econômico, por sua vez, pouco erraram. Os maiores problemas da ilha se devem ao embargo econômico imposto pelos Estados Unidos e que continua em vigor. Embargo que, apesar de ter colocado boa parte da população cubana em estado de miséria, não destruiu de todo o governo. Há acertos, portanto, que merecem ser analisados.

a. Maio de 68: lições para a esquerda.

Maio de 1968 ficou na história pela liberação de costumes que proporcionou. Para muitos, tratou-se de um movimento interessado em promover uma cultura contrária aos antigos valores burgueses – a noção de família mononuclear, a instituição do casamento etc. Mas maio de 68 foi bem mais do que isso. Foi, em primeiro lugar, uma revolta juvenil. Na época, toda e qualquer forma de contestação passava pela estrutura partidária e devia seguir as diretrizes do Partido Comunista Soviético. Os crimes de Stálin, porém, começavam a ser denunciados e o modelo político propagado pela União Soviética começava a soar como algo opressor e antiquado. Era preciso promover uma renovação das lutas de esquerda e, para isso, o melhor era permitir que os jovens tomassem a frente nas lutas. Badiou reconhece a existência de três maios distintos.

O primeiro, relativo aos jovens universitários. As manifestações no período aconteceram de forma espontânea, ninguém sabe muito bem quais foram as causas, mas todos estiveram dispostos ao longo do mês de maio a tomar as ruas e reivindicar o que quer que fosse. É importante lembrar que as revoltas de 1968 não ficaram restritas à França. Houve movimentos similares nos Estados Unidos, no México, na Inglaterra, na China e até mesmo no Brasil – o movimento tropicália foi aquele que mais se inspirou nas bandeiras políticas de 68. Essa revolta não ficou restrita aos universitários como afirmam por aí. Sim, foi uma revolta juvenil, mas a juventude francesa – o caso analisado por Badiou – era composta por apenas 10% de universitários. Boa parte da juventude trabalhava nos campos ou mesmo nas grandes indústrias, recebendo salários de miséria. Outro motivo que nos leva a afirmar que se tratou de uma revolta juvenil é devido ao alto índice de violência. Diferentemente de outros momentos da história, quando as manifestações se resumiam à tomada das ruas e aos gritos de palavras de ordem, 68 iniciou a era da repressão policial em larga escala. Os manifestantes iam para as ruas sabendo que iriam enfrentar a polícia. Estavam mais interessados no embate que no diálogo. Essa revolta logo acabou sendo identificada como de uma característica juvenil.

O segundo maio é o do trabalhador. Desde 1967, a classe trabalhadora vivia uma condição muito precária, os salários tinham caído consideravelmente e o custo de vida aumentava cada vez mais. Os operários, então, começaram a ocupar as fábricas. As fábricas se transformaram em espaço de estudo e debate, os operários começavam a pensar qual a melhor maneira de se organizar e como poderiam reivindicar melhorias de suas condições de trabalho. Muitos trabalhadores, além de ocupar a fábrica, optaram por sequestrar os seus chefes.

O movimento operário ganhou apoio dos estudantes em diversos momentos, mas a relação entre ambos era tensa. Os operários queriam escrever sua própria história, pela primeira vez, e não queriam receber ensinamentos de pessoas que jamais haviam posto os pés numa fábrica.

O terceiro maio, por fim, foi o libertário, ligado à renovação dos costumes. Diz respeito às manifestações pelo direito ao aborto, ao casamento homoafetivo e outras tantas pautas. Esse foi o maio que marcou a história, por meio das imagens das mulheres queimando sutiãs na porta das universidades. Esses três maios aconteceram simultaneamente e por qual razão ainda hoje eles são importantes para pensarmos o comunismo? Badiou afirma

> Somos contemporâneos de 1968 do ponto de vista da política, de sua definição, de seu futuro organizado, portanto num sentido muito forte da palavra contemporâneo. É claro, o mundo mudou, as categorias mudaram: juventude estudantil, operários, camponeses significam outra coisa hoje, e as organizações sindicais e partidárias dominantes na época estão em ruína. Mas nós temos o mesmo problema, somos contemporâneos do problema que 1968 trouxe à tona, ou seja, a figura clássica da política de emancipação era inoperante (BADIOU, 2012, p. 39).

A partir de 1968, a teoria comunista aprendeu uma nova lição com a história. Talvez a luta pela emancipação não devesse se pautar por uma ideia antiquada de organização, talvez uma vanguarda não se fizesse necessária e, mais ainda, talvez o maior problema na construção de uma sociedade comunista não fosse necessariamente a economia, mas a cultura. Há uma cultura burguesa entranhada em cada indivíduo e de nada adianta tomar o poder se a lógica da concorrência e da meritocracia estão entranhadas em todos os cidadãos. A exploração continuará acontecendo, mas de outra forma. Os manifestantes de Maio de 1968 assim o demonstraram: mudar o mundo não significa necessariamente tomar o poder, como queria Marx e outros teóricos, mas construir outras formas de sociabilidade. Basta, então, desejar ser livre para que a luta comece. Os operários que ocuparam as fábricas diziam-se comunistas, anarquistas. Bem como os estudantes que ocuparam a Sorbonne e exigiram que as aulas acontecessem nas ruas, nas barricadas construídas contra a polícia.

Esse aprendizado parece algo pequeno, mas veremos no próximo capítulo quanto desse imaginário inspira movimentos como aquele que explodiu no século XX em Wall Street, o movimento "Ocupe". As teorias comunistas, até então, desacreditavam do caráter espontâneo das revoltas e gastavam muitas palavras para defender a necessidade de uma classe dirigente, de uma vanguarda conduzindo os rumos da revolta. Mais próximos dos anarquistas nesse sentido, os manifestantes de maio de 1968 mostraram que para mudar o mundo basta ter uma ideia. E, mais, que a mudança passa antes por uma nova forma de organização das relações, a construção de outros espaços de sociabilidade, do que necessariamente pela tomada do poder por parte dos proletários.

b. A revolução Cultural

Em 1949, a China entrou no processo revolucionário, contrariando todas as teorias marxistas vigentes, que propagavam que apenas em um país com um mínimo de indústrias seria possível haver uma revolução proletária. Na época, quase 90% da população chinesa era composta por agricultores. A classe operária era pouco numerosa e nada organizada. Mao Tse-Tung, porém, acreditava que seria possível promover naquela região um comunismo mais próximo daquele rudimentar que Marx enxergava nas sociedades feudais. Esse foi o aspecto positivo da Revolução Chinesa, demonstrar que é possível produzir uma mudança social sem seguir as diretrizes de Marx e da União Soviética.

Em 1966, dando prosseguimento ao processo revolucionário, a China iniciou aquilo que ficou conhecido como Revolução Cultural. Antes da revolução comandada por Mao, a China era um império, cuja população ainda acreditava que o imperador era enviado por Deus.

Compreendendo, como os jovens de 1968, que não basta mudar as estruturas de poder para acabar com a desigualdade, as consciências também precisavam ser modificadas, teve início um programa de renovação cultural: os valores imperiais seriam, por meio de um programa de educação não obrigatório, substituídos pelos valores comunistas. A adesão seria voluntária, apenas para aqueles que quisessem conhecer um pouco mais da revolução. Acontece que, logo no início do processo, Mao deixou o poder, depois que seu programa econômico fracassou, e teve início uma luta pelo poder que acabaria influenciando os rumos da Revolução Cultural. Esse movimento, que deveria atuar sobre as consciências dos cidadãos por meio democrático, acabou endurecendo e serviu para que os líderes do partido perseguissem a oposição de maneira aberta. Em outras palavras, a Revolução Cultural instaurou um estado ditatorial. Badiou assim resume esse momento da história chinesa:

> No que diz respeito à revolução, tratava-se de uma luta pelo poder na cúpula da burocracia do partido-Estado. Que o voluntarismo econômico de Mao, encarnado pela palavra de ordem do "grande salto adiante", foi um completo fracasso, a ponto de causar o retorno da fome no campo. Que, em consequência desse fracasso, Mao se tornou minoria nas instâncias dirigentes do partido e um grupo pragmático impôs sua lei. Que, des-

de 1963, Mao tentou travar contraofensivas, mas chocou-se com as instâncias regulares do partido (BADIOU, 2012, p. 65).

O que esse movimento ensina aos comunistas? Em primeiro lugar, que a revolta de classes jamais irá cessar enquanto houver uma cisão social. Enquanto houver uma classe dirigente, interesses divergentes, continuará havendo conflito de interesses e, portanto, conflito de classes. Mais ainda, que uma reforma cultural pode ser utilizada para fins de manipulação e controle. Portanto, referendando as críticas anarquistas que foram dirigidas contra Marx, enquanto houver uma vanguarda dominando o processo, não será possível promover uma revolução efetiva para dizimar a exploração e a desigualdade.

Ora, isso significa que o comunismo jamais poderá existir? Que qualquer tentativa de implementá-lo resultará em um grande fracasso, como na União Soviética ou na China? Não, isso mostra apenas que o comunismo realmente nunca existiu. Que essas experiências históricas, ainda que carregadas de boas intenções comunistas, deturparam logo de início os valores comunistas em favor do interesse de alguns, demonstrando, além disso, que as teorias não estão erradas, apenas os modos como pensaram a transição para a sociedade comunista. Tanto China quanto União Soviética adotaram uma economia planificada logo no início do processo revolucionário, na qual a produção é controlada inteiramente pelo Estado por meio de metas definidas aprioristicamente. Esse modelo não serviu para permitir a gradual abolição do Estado, como Marx e Lenin gostariam, mas para tornar esses países competitivos mundialmente. Ou seja, a forma desses processos era comunista, mas o conteúdo era a boa e velha lógica capitalista da concorrência.

A Revolução Chinesa nos ensinou algo mais, ainda. Esse processo, que durou dez anos e perseguiu milhares de pessoas, demonstrou que é possível haver atitudes comunistas individuais. Pequenos vilarejos, visando combater os desmandos do partido, se organizaram para resistir e construíram poderosas redes de solidariedade que só foram desmanteladas em 1975 ou 1976. Assim como Maio de 1968, mostraram que o comunismo pode ser compreendido muito mais como um horizonte ético do que como um programa de governo. Na verdade, quando transmutado em governo, o ideário comunista tende a perder seu vigor, mas quando alimenta uma paixão revolucionária ele pode fazer incendiar um país por meio da promoção de laços sociais pautados na colaboração. Ambas as revoluções aqui abordadas nos ensinam algo simples: "sabemos hoje que toda a política de emancipação deve acabar com o modelo do partido, ou dos partidos, afirmar-se como política 'sem partido'" (BADIOU, 2012, p. 90).

As experiências históricas do comunismo no século XX demonstram que as teorias vanguardistas, de Marx a

Lenin, não são capazes de promover uma nova sociedade. Esses autores, portanto, erraram. Isso, contudo, não importa. O ideário comunista ainda pode alimentar muitas lutas, ao menos enquanto houver exploração.

4. PENSAR O COMUNISMO HOJE

Quando Marx pensou o seu protótipo de sociedade comunista, em diálogo com os anseios da classe proletária de seu tempo, voltou-se aos modelos comunitários comuns durante todo período medieval. Ao longo da Idade Média, sobretudo na Inglaterra, foi instaurado o modo de produção dito feudal, assentado na exploração dos vassalos pelos senhores. Não havia, então, a figura do Estado como a conhecemos, apenas pequenas unidades praticamente autossustentáveis comandadas pelos senhores, cujo poder era legitimado pela Igreja, e aqueles que não possuíam títulos e riquezas, se viam obrigados a prestar serviço. Essa prestação de serviço não era remunerada, o servo não recebia um salário específico, mas sim um pedaço de terra no qual podia plantar o sustento de sua família e vender ou trocar qualquer excedente. Em troca desse pedaço, cedia uma parte de sua produção para o senhor e trabalhava alguns dias por semana nas terras senhoriais. Era um modelo extremamente exploratório, próximo da escravidão, e que gerou inúmeras revoltas. Muitos servos se revoltaram e fugiram dos feudos com suas famílias para as florestas ou para as cidades.

Naquele período, vigoravam as chamadas terras comuns – áreas de floresta, de pastoreio e outras. Eram terras que não estavam atreladas a nenhum feudo, nas quais se podia buscar lenha para fogueiras nas épocas do frio, levar o gado para pastar sem custo algum e, até mesmo, plantar alguma coisa sem ter que pagar taxa a ninguém. À medida que as taxas pagas pelos vassalos começaram a aumentar – devido ao fato de os senhores exigirem mais horas de trabalho ou pagamentos mais substanciais pelo uso de suas terras, além de horas trabalhadas nas terras da Igreja, exigidas pelos padres –, muitos começaram a migrar para essas terras comuns e lá se estabeleceram. Ali, não precisavam prestar contas a ninguém. Estavam, contudo, entregues à própria sorte, podendo ser vítimas de ataques e roubos de todas as espécies. Para evitar esses perigos, a população se organizava em comunidades.

Essas comunidades estabeleciam suas próprias leis e compartilhavam todos os meios de produção – arados, foices, carros de boi, gado e tantas outras coisas utilizadas na lavoura, que ficavam à disposição de todos e de qualquer um. A produção era compartilhada e, geralmente, permitia que a comunidade fosse considerada autossustentável; o excedente, quando havia, era trocado com mercadorias de outras comunidades próximas ou levadas para vender nas feiras urbanas. Tudo isso sem precisar pagar qualquer taxa, sem precisar prestar serviço para ninguém mais.

Obviamente que os senhores feudais não viam com bons olhos essas aglomerações, uma vez que elas faziam diminuir a mão-de-obra disponível nos feudos. A Igreja, tampouco concordava com essas aglomerações. Na época, convém lembrar, surgiram os ditos movimentos heréticos, que questionavam os dogmas e os rituais católicos. Para eles, o catolicismo havia se desvirtuado de sua verdadeira vocação e a Igreja teria se transmutado em uma instituição corrupta. Para escapar dos desmandos da Igreja e praticar rituais mais próximos do catolicismo antigo, muitos partiam para as terras comuns e criavam comunidades com fins religiosos e não produtivos. Para evitar que esses ritos se propagassem e ganhassem adeptos, a Igreja também buscou reprimir esse modelo comunal de associação. Os feirantes que comerciavam nas grandes cidades também viam com maus olhos essas associações. As feiras surgiram no século XI, nos muros dos feudos, os chamados burgos, e em pequenas cidades. Em seu interior foi que surgiu a classe de comerciantes que se convencionou chamar de burgueses, uma classe de pessoas que vivia da venda e da troca de mercadorias e nada mais. Uma associação comunitária com excedente, passível de ser vendido para outras pessoas, podia significar a perda de uma parcela do mercado. Por isso, os burgueses também se uniram contra essas associações de pessoas nos campos comuns.

A agressividade contra essas associações foi tamanha que, logo, os campos comuns começaram a ser destruídos, transformados em propriedades privadas a ser vendidas para aqueles que melhor pagassem. É nesse momento que, conforme defende Marx, o capitalismo começa a surgir como o modo de produção que conhecemos. Ao transformarem as terras comunais em propriedade privada, aqueles que até então procuravam abrigo nas comunidades que ali se instalaram se viram obrigados a rumar em direção às cidades ou aos feudos à procura de alguma espécie de emprego – quando não passavam a vagar, mendigando ou roubando os passantes. Para proteger a sociedade, surge a figura forte do Estado, uma instância controladora de poder que possuía jurisdição sobre um vasto território. O Estado passa a emitir uma série de proibições: proibição da mendicância, proibição da desocupação e da vagabundagem etc. Qualquer cidadão que fosse apanhado pela polícia e não estivesse empregado, seria preso e condenado a trabalhos forçados. Ou seja, ao mesmo tempo em que as terras comunais foram fechadas, a população se viu obrigada a ingressar no mercado de trabalho – à força, se preciso fosse. Esses movimentos abriram terreno para os processos de consolidação dos estados nacionais, que veríamos acontecer nos séculos XIV e XV, bem como para a gradativa transição de um modelo econômico feudal para um pautado na lógica do mercado.

Ao longo do século XIX, os ditos socialistas utópicos retomaram essas experiências e acreditaram ser possível transportá-las para o coração da sociedade industrial. As fábricas autogeridas e outros modelos de agremiação sugeridas por Saint-Simon e Fourier, para não falarmos no anarquista Proudhon, se inspiraram nas comunidades da Idade Média e em seu modelo cooperativo. Marx, a seu modo, também buscou ali inspiração, embora não achasse possível simplesmente transportá-las para o coração da sociedade capitalista. Se, antes, essas associações acabaram sendo dizimadas e integradas à força no mercado de trabalho, por qual razão não ocorreria o mesmo no século XIX? E mais, qualquer integração apenas postergaria o fato de que, seja na Idade Média ou na Contemporaneidade, as relações de trabalho dentro da lógica industrial são pautadas em relações de exploração. Por esse motivo, apenas uma revolução poderia acabar com esse sistema. Mas, como vimos, o modo como essa revolução deveria acontecer é motivo de controvérsia e debate.

Se há algo interessante em Marx é sua consciência de que cada época precisa de uma teoria que dialogue com seu tempo, que tudo aquilo que ele escreve funciona muito bem para a sociedade do século XIX e nada mais. Nos seus cadernos de rascunho para *O Capital* – sua obra máxima –, os chamados *Grundrisse*, Marx reconhece o poder regenerativo do capital e sabe que, para derrubá-lo, devemos considerar o modo como ele se apresenta naquele momento. As teses de Marx, portanto, servem para sua época, as épocas vindouras deverão pensar por conta própria as saídas e soluções. Como sempre, isso não significa que devemos deixar de considerar os escritos marxianos, pelo contrário. Tudo aquilo que Marx escreveu serve como material de estudo, para aprendermos como o capitalismo evoluiu e como ele se apresentava no século em que viveu seu autor. Outros estudos, mais recentes, nos ajudam a pensar nossa vida hoje e as lutas que podemos empreender contra o sistema exploratório vigente. Assim, nesse capítulo, convém esmiuçar como o ideário comunista tem sido apropriado por movimentos e teorias contemporâneas.

a. Pensando o comum: um novo comunismo

Alguns autores, como Toni Negri e Michael Hardt, passaram a defender a ideia de comum para se referir a uma nova forma de luta política. O comum, na visão de seus autores, não seria um retorno às comunidades medievais que tanto inspiraram Marx, embora remeta a certos elementos dessas sociedades. Dizem os autores, em *Multidão: guerra e democracia na era do império*:

> O comum que compartilhamos, na realidade, é menos descoberto do que produzido. (Relutamos em utilizar a expressão no plural os comuns [the commons] porque ela remete a espaços de partilha pré-capitalista que foram destruídos pelo

advento da propriedade privada. Apesar de um tanto estranho, o comum [the common] ressalta o conteúdo filosófico do termo e deixa claro que não se trata de uma volta ao passado, mas de um novo desenvolvimento) (HARDT; NEGRI, 2005, p. 14).

Percebemos, pelo trecho acima, que o comum que defendem os autores não é bem aquele de Marx – embora Negri e Hardt sempre mencionem as comunidades medievais em seus textos –, mas outro modelo ainda por ser construído. Por qual razão é importante ressaltar essa marcação? Por algum motivo, dizem Negri e Hardt, os movimentos progressistas buscam suas inspirações no passado – Marx assim o fez. Mas o capitalismo de hoje chegou a configurações que nenhuma sociedade jamais sonhou. O modelo comunicacional, a globalização e tantas outras mudanças estruturais, transformaram o capital de tal modo que não conseguimos reconhecer semelhanças com a sociedade capitalista de séculos atrás – ainda que seja possível notar algumas pequenas similaridades, a globalização lembra o imperialismo por exemplo. A sociedade mudou de tal forma que não faz mais sentido buscar referências no passado, qualquer modelo de luta soaria como algo descompassado com os tempos atuais. Por isso, Negri e Hardt insistem que não podemos voltar os olhos ao passado para construir novas formas de resistência, mas olhar o futuro.

E o que é, então, esse comum que defendem com tanto afinco? O comum, para Negri e Hardt, é a riqueza comum do mundo material – o ar, a água, os frutos da terra etc. Ou seja, todos esses elementos devem ser de usufruto comum, de todos. Ora, você pode se perguntar, mas já não é? Não, caro leitor. Em alguns países, como o Chile por exemplo, há tempos teve início o processo de privatização irrestrita dos bens naturais – a água é o maior modelo. Vez ou outra, também, vemos grupos farmacêuticos incentivando o processo de privatização da Amazônia, visando se apropriar assim da biodiversidade daquela região. Isso é um perigo, uma vez que, ao privatizarem um espaço, tudo o que ali cresce passa a ser propriedade de um laboratório ou algo do gênero. E qual o problema? Há frutos e flores cujos principais ativos são utilizados há muitos anos pelas indústrias farmacêuticas em seus medicamentos. Esses mesmos frutos e flores são utilizados por comunidades mais pobres também como medicamentos, por meio de chás ou emplastros. Caso esses frutos e flores sejam privatizados, a indústria farmacêutica que mais investir na região terá os direitos sobre o uso dessa riqueza natural e as populações mais pobres se verão privadas da colheita desse material. A exploração em larga escala dessa biodiversidade, além disso, apresenta maiores riscos de desmatamento e esgotamento desses recursos, algo que é impossível quando consumido em pequena escala pelas comunidades locais.

Hoje vivemos o impasse da privatização da água, para resgatar um último exemplo. A empresa que mais defende a privatização desse recurso natural, necessário para preservação da vida humana, é uma famosa companhia produtora de refrigerantes. Qual o interesse em transformar esse recurso em mercadoria? Condicionar que todos passem a consumir apenas água mineral engarrafada e comercializada por essa empresa, gerando lucros estratosféricos para a companhia, uma vez que água é um dos únicos recursos de que os seres humanos não podem se privar.

É preciso, portanto, garantir que os recursos naturais sejam de uso comum, disponíveis de forma acessível e gratuita a todos. Esse é o ponto básico da ideia de Negri e Hardt de comum. Outro ponto, porém, diz respeito aos bens comunicacionais. Tudo aquilo que é fruto da cultura, na visão dos autores, deve ser distribuído a todos. Se partilhamos a mesma linguagem, por exemplo, os frutos dessa linguagem devem ser de usufruto comum, não devendo ser transmutados em propriedade. Direitos autorais e coisas do gênero perdem sua razão de ser. A arte deve ser tornada pública, também. Qualquer coisa que permita partilhar uma visão de mundo, que convide outro ser humano a pensar, deve ser tratada como propriedade comum. Perceba que, nessa perspectiva, tudo deveria ser partilhado por todos. Não há nada que seja humano que não passe pela cultura ou pela natureza. A sociedade é construída sobre esse binômio, cultura e natureza; quando qualquer produto que esteja em um ou outro polo passa a ser visto como algo passível de ser compartilhado, então tudo passa a ser de uso comum. O comum, portanto, é uma política da partilha.

Movimentos políticos recentes buscam pensar suas condutas a partir dessa noção de comum. Na Espanha, com o partido de frente-ampla conhecido como 15-M, e na Itália, com o movimento benicomunismo, encontramos grupos interessados em construir legislações em torno da questão do comum, garantindo o acesso livre e irrestrito a qualquer material por parte daqueles privados de condições. Partilhar o pão com aqueles que têm fome, mas também partilhar a água, as ideias, as línguas, etc. Esses movimentos, de algum modo, perceberam que o capitalismo passou também a se apropriar de bens imateriais. Quebrar o acesso do capital a esses bens é uma forma de possibilitar a construção de, pelo menos, uma sociedade com acesso igualitário a bens sociais. Perceba que não estamos mais tratando de revoluções, mas de garantir acesso, partilhar. Para esses movimentos, tudo isso configura como uma guinada comunista no interior da sociedade capitalista. É um começo para a construção de uma sociedade, diriam Negri e Hardt.

Outros autores, seguindo os passos abertos por Negri e Hardt, vão além e propõem pensar o comum também em termos de construção de comunidades autônomas. É o caso de Pierre Dardot e Christian Laval, para quem:

> O comum tal como o entendemos significa sobretudo o autogoverno dos seres humanos, das instituições e das regras criadas para ordenar suas relações mútuas. Está, portanto, enraizado na tradição política da democracia, em especial a experiência grega (LAVAL; DARDOT, 2015, p. 519).

O comum, na concepção dos autores acima mencionados, seria o elemento primeiro da política, a base da experiência democrática. Qualquer discussão política passa pela necessidade de estabelecer o que é comum a quem. Alguns movimentos, como as tiranias e os fascismos, tentam restringir o acesso aos bens comuns; outros, como os movimentos democráticos, buscam alargar o acesso ao comum. Por ser algo natural, voltar a pensar o comum significa voltar a pensar na nossa natureza gregária. Os seres humanos são seres coletivos, tendem sempre a viver em sociedade de maneira cooperativa. Um sistema, o capitalismo, começou a atacar os laços sociais ao insistir na lógica da livre competição. Resgatar nossa propensão natural ao cooperativismo é resgatar o espaço do comum, portanto. Como realizar esse resgate? Os autores respondem:

> Dito de outra maneira, trata-se de instituir politicamente a sociedade, criando em todos os setores instituições de autogoverno cuja finalidade – para além de sua racionalidade – será a pro-

dução do comum. Nem a dissolução da política na economia, nem a estatização burocrática e tirânica da economia, senão a instituição democrática da economia (LAVAL; DARDOT, 2015, 2015, p. 523).

O autogoverno, para os autores, seria um dom natural inerente a todos os seres humanos. Dom que foi perdido com o avanço do capitalismo e, por esse motivo, de nada adianta querer retornar a um modelo cooperativista de vida, não conseguiremos. Será necessário, pois, que cada instância social passe a contar com um órgão de autogoverno, acabando assim com a primazia de uma entidade em legislar sobre o outro. Ou seja, a família deverá adotar uma postura de autogoverno, sendo retirada a autoridade do mantenedor familiar – pai ou mãe. Todos, filhos e filhas, deverão legislar sobre a maneira mais democrática de lidar com o espaço familiar. O mesmo para a escola, para o trabalho, para o bairro, para a cidade, para o estado, para o país, para o mundo. Conforme essas instâncias forem se fortalecendo, o autogoverno passará a se transmutar em algo natural.

A instauração desses órgãos de autogoverno é similar, em Marx, à instauração de uma fase transitória, ligada à ditadura do proletariado. O que muda de Marx para Laval e Dardot? O foco da ação. Agora não se trata mais de instaurar um estado proletário, mas sim de focar em instâncias micro. De nada adianta mudar o cenário macro da política se, nos espaços menores – como a família –, ainda vigora a lógica da competição e da exploração. Apenas mudando todas as relações, mesmo a menor, poderemos retornar a um estado no qual o autogoverno e o cooperativismo se tornem algo comum.

Aonde vemos essa ideia operando? Hoje, movimentos como o *Occupy Wall Street* tentaram adotar essa medida de autogoverno. Você se lembra desse movimento? Surgido em 2011, quando os Estados Unidos viviam os efeitos de uma das piores crises imobiliárias de sua história, um grupo de pessoas ocupou a capital financeira daquela nação, Wall Street, e passou a protestar todos os dias contra os mandatários do poder financeiro, aqueles interessados em lucrar em cima de gente humilde. Inspirados pelos movimentos democráticos do Oriente Médio, no qual praças eram ocupadas em nome da liberdade, o *Occupy* se caracterizou por um modelo horizontal de liderança. As decisões eram tomadas conjuntamente, por todos. Pessoas montaram suas barracas no coração de Wall Street e passaram a viver naquele lugar no qual, antes, havia apenas bancos e outras instituições financeiras. Instalou-se uma cozinha comunitária, que distribuía comida não só para os manifestantes, mas para todos aqueles que tivessem fome, e uma vida comunitária se criou ali. Esse movimento inspirou muitos outros ao redor do mundo, mesmo no Brasil, e se tornou referência para as lutas democráticas de hoje. É um movimento comunista? Sim e não. Sim, uma vez que prega uma reforma de sociedade em direção a um modelo mais democrático do viver juntos. Não, uma vez que há tantas bandeiras e lutas no interior desse movimento que é impossível defini-lo a partir de uma simples palavra como é a palavra comunismo.

A luta pelo comum aqui apresentada está em um intenso diálogo com a tradição comunista que vimos surgir no século XIX, mas difere desta ao apontar seus olhos para o futuro apenas. Não que as lutas do passado não importem, elas oferecem belas lições, mas deve-se levar em conta que o capitalismo que vivemos hoje se diferencia muito daquele modelo analisado por Marx em *O Capital*. Se podemos chamar essas lutas de comunistas, isso se deve por um único motivo: trata-se de lutas que procuram, simplesmente, pensar novos modos de viver juntos, novas maneiras de preservar a ideia de comunidade.

b. A luta pela comunidade

Como o leitor já deve ter reparado, o comunismo reivindica uma volta à noção de comunidade ou a um senso de vida mais comunitário e cooperativo. Há exemplos mil ao longo da história, mas nenhum deles perdurou o suficiente. Das comunidades medievais ao movimento *Occupy*, passando pelas primaveras árabes, todos os movimentos acabaram sendo perseguidos e desmobilizados. O capitalismo, afinal de contas, necessita da exploração para sobreviver e qualquer tentativa de burlar a lógica da concorrência em favor de modos de vida mais comunitárias está fadado a ser reprimido – com maior ou menor violência, a depender do grau de radicalismo do movimento. Ser comunista, portanto, não significa ser filiado a um partido político que prega a bandeira comunista, pelo contrário. Ser comunista talvez signifique apenas lutar pela sobrevivência de certo espírito comunitário.

Desde os gregos, Platão e sua República ao menos, a filosofia busca pensar formas de viver juntos. Todas as discussões filosóficas desde então não foram nada além de tentativas de responder a essa questão. A partir do momento em que temos de lidar com outros, viver em companhia de pessoas que pensam diferente de nós, devemos criar formas de convivência que permitam o convívio pacífico e tranquilo. Lidar com a diferença, construir espaços nos quais elas não sejam caladas, é o princípio básico da ideia de comunidade. Uma comunidade nada mais é do que a reunião de duas ou mais pessoas, geralmente mais, que partilham uma mesma língua, uma mesma cultura ou um mesmo espaço de terra. Pessoas que procuram viver em harmonia, por obrigação ou não. Se há experiência humana, se podemos comunicar a outros aquilo que nos acontece e aquilo que aconteceu aos nossos antepassados, isso se deve à comunidade. Foi Georges Bataille quem percebeu:

> Nada há de humano que não exija a *comunidade* daqueles que o querem. Aquilo que vai lon-

> ge exige esforços conjugados, que ao menos deem continuidade um ao outro, sem se deter no possível de um só. Se tiver cortado os laços à sua volta, a solidão de um homem é um *erro*. Uma vida não é mais do que um elo numa corrente. Quero que outros continuem a experiência que antes de mim outros começaram, que *se devotem* como eu, como outros antes de mim, ao meu desafio: *ir até o limite do possível* (BATAILLE, 2017, p. 44).

No belo trecho replicado acima, Bataille reconhece que uma vida só se define por aquilo que ela é capaz de partilhar com o outro. Individualistas, somos limitados. Podemos pouco, quase nada, quando tentamos viver por conta própria. As maiores construções, as tentativas de nos aproximarmos até o limite do possível, só surgem quando nos compreendemos dentro de uma comunidade, quando partilhamos com outros a nossa humanidade.

A busca por superar os limites do humano perpassam todas as discussões sobre comunidade que surgem na Europa ao longo do século XX. Outros tantos autores, como Maurice Blanchot, Jean-Luc Nancy e Giorgio Agambem, procuram conceber a comunidade em termos de potência, um organismo complexo composto por muitos seres humanos e capaz de levá-los a produzir mais do que seriam capazes individualmente. Para esses autores, que escreveram sem levar em consideração as experiências comunistas de seu século, o homem só pode se superar ao viver em comunidade, ao partilhar com outros sua existência política.

Haveria inimigos dessa ideia de comunidade? Sem dúvida. Os regimes totalitários – o fascismo na Itália, o nazismo na Alemanha e o stalinismo na União Soviética –, assim o provam. Esses regimes de exceção buscam calar o espírito coletivo e gregário do homem em prol de um modelo, no qual as diferenças não podem se manifestar ou mesmo expressar seu direito à existência. Impõem um único modelo de existência, uma única forma de pensamento. Essa imposição, que creem fortalecê-los, apenas os enfraquece. Se há algo próprio à vida é seu poder diferenciador, a vida sempre busca ultrapassar o trivial. Gabriel Tarde, sociólogo francês, notou que esse também é o movimento social. Da comunidade primitiva às grandes aglomerações urbanas, temos uma complexificação das instituições sociais que visa justamente abarcar o surgimento do novo. Quanto mais uma sociedade cresce, mais ela se diversifica e, quanto mais se diversifica, mais melhorias de vida para todos ela consegue inventar. Uma sociedade que visa calar esse movimento, freia seu próprio desenvolvimento.

Desde Aristóteles, o homem é definido como um animal político. Isso significa que ele, por natureza, está condenado à sociedade, uma vez que só há política quando há sociedade, quando há contato com a diferença. Não é possível negar essa nossa disposição natural, essa nossa tendência ao viver juntos. Podemos escolher viver uma vida de cooperação ou competição, contudo. O capitalismo insiste nessa última via, ao afirmar que a competição nos torna seres melhores e mais aptos a sobreviver. Esse é o pensamento por trás do discurso meritocrático neoliberal. Para os adeptos dessa corrente econômica, se todos forem atrás de seus próprios interesses – o que, no capitalismo, significa produção de lucro apenas –, a sociedade acabará se enriquecendo. Pode ser. O fato é que, nesses últimos seis séculos, o capitalismo produziu mais miséria e fome do que outras experiências políticas, mais guerras do que qualquer outra forma de comunidade. O pouco de benefícios comuns conquistados ao longo do capitalismo, surgiram por causa de lutas empreendidas por pessoas que acreditam na propensão natural do ser humano ao cooperativismo, ao comunismo.

As experiências históricas que receberam o nome de comunismo falharam em seus propósitos, sem sombra de dúvida, mas isso não significa que devemos nos esquecer do que significa comunismo de fato. Comunismo não é um sistema de governo, não é uma bandeira partidária, mas uma ideia de retorno a um modelo de comunidade mais solidária. Escapando, assim, da lógica competitiva do capitalismo. Se o comunismo acabou se alinhando ao pensamento de Karl Marx e inspirando as lutas proletárias do século XIX, isso se deveu ao fato de Marx ter sido o primeiro a pensar fórmulas para implementar esse modelo social. Outros depois dele também tentaram, resgatando seu pensamento e lhe dando novas direções.

Neste livro, nos focamos sobretudo em Karl Marx – autor mais emblemático da doutrina comunista. Passamos por Lenin e outros pensadores, apenas para mostrar alguns pequenos desdobramentos do pensamento marxista e referendar que não há fórmula precisa sobre como implementar uma sociedade mais democrática. Há outros autores importantes para o movimento: Rosa Luxemburgo, Karl Kautski, Emma Goldman, Piotr Kroptokin e tantos outros. Autores, algumas vezes, de outras linhagens teóricas, mas engajados em pensar como construir uma sociedade sem exploração. Um parêntese, como o leitor pode ter percebido nesse final de percurso, é importante: anarquismo e comunismo convergem em seu interesse em promover uma sociedade sem exploração, discordando apenas em relação aos meios para se atingir esse fim – como fica evidente a discordância entre Bakunin e Marx, apresentada na introdução e no primeiro capitulo. O anarquismo, por isso, é visto por vezes como um desdobramento do comunismo, como notam alguns autores. O diálogo entre essas correntes é tão intenso que surgiu, no século passado, uma corrente chamada de anarcocomunismo.

O século vinte viu surgir diversas experiências comunistas: a Revolução Russa de 1917, a Revolução Chinesa em 1949, a Revolução Cubana em 1959 e por aí em diante. Todas elas, de uma forma ou de outra, dialogaram com as ideias de Marx e, todas elas, romperam com o ideal marxista. Esse rompimento talvez tenha sido natural, uma vez que Marx ofereceu sugestões condicionadas à sociedade do século XIX e deixou aberto para que os movimentos políticos futuros pensassem seus próprios rumos. Mas esse mesmo rompimento levou também esses movimentos a flertar com modelos políticos autoritários que não deixaram nada a dever ao fascismo e ao nazismo. Isso bastou para que os defensores do livre mercado viessem detratar o modelo comunista e defender medidas capitalistas cada vez mais selvagens.

O auge desse ataque foi o livro de Francis Fukuyama, *O fim da História e o último ano*, publicado em 1992. Para Fukuyama, historiador entusiasta do modelo neoliberal propagado pela Escola de Chicago, com a queda do muro de Berlim e o fim da União Soviética, o mundo se via diante de uma única alternativa: a via do capitalismo. Não haveria mais conflitos armados, disse o historiador, e os mercados se ampliariam, produzindo igualdade de oportunidades para todos e melhores condições de vida. Nunca um prognóstico histórico deu tão errado quanto esse. Os conflitos bélicos no Oriente Médio mostraram que as guerras estão longe de terminar, algo que o atentado às torres gêmeas em 2001 confirmou. Essas guerras mostram que há resistências ao capitalismo, resistências mais ferozes do que aquelas empreendidas pelos comunistas ao longo da Guerra Fria. Esses movimentos podem ser configurados como comunistas? Não, uma vez que pregam um modelo de sociedade nada igualitário, com divisão de trabalho entre gêneros e pouco afeita à diferença. Lembremos que o comunismo prega o convívio comunitário com a diferença, algo que os movimentos radicais islâmicos evitam. É importante salientar, contudo, que o islamismo não é uma religião intolerante em si. Esse radicalismo é um desvio de conduta dentro dos preceitos islamitas, como o foi o tribunal inquisitorial em relação ao catolicismo.

Outro erro profundo de Fukuyama diz respeito à igualdade de oportunidades. Nunca o emprego chegou a um nível de precarização como esse que estamos vivendo. Ricardo Antunes, um pesquisador da UNICAMP, defende que vivemos um momento único na história, no qual conquistas básicas dos trabalhadores – folga remunerada, férias, auxílio-desemprego, plano de saúde etc. – foram perdidas. Hoje, os trabalhadores se veem obrigados a vender sua mão de obra por um salário baixo e sem qualquer garantia legal. Aceitam isso, na maioria das vezes, ou por acreditarem que o empresariado gasta muito com folhas de pagamento ou por não terem outra alternativa. Pela primeira vez, o trabalhador passou a adotar o discurso patronal para justificar o seu grau de precariedade. Acreditando que os seus empregadores pagam grandes fortunas em impostos, os trabalhadores passam a aceitar os seus desmandos, por acharem que isso permitirá um aumento salarial robusto. Não é isso que tem acontecido. Os salários têm diminuído e os direitos, perdidos. Como se não bastasse essa precarização dos postos de trabalho, começamos a sofrer grandes crises econômicas ligadas à especulação. De fato, não são crises do porte daquela vivenciada em 1929 – a maior crise do capitalismo –, mas tais crises têm sido algo tão recorrente que, hoje, há correntes do próprio neoliberalismo que negam a possibilidade de passarmos uma década sem qualquer espécie de crise.

Fukuyama, portanto, errou em todas as suas previsões. O capitalismo não produziu mais riqueza ou igualdade, ou melhor, produziu riqueza apenas para aqueles que, de alguma forma, já possuíam algum capital. As guerras continuaram e os regimes políticos estão tendendo ao fascismo. Cada vez mais surgem novos políticos prometendo tirar as pessoas da miséria e protegê-las do comunismo, esquecem apenas de avisar essas mesmas pessoas que o comunismo não existe mais e que a miséria originada é fruto do próprio capitalismo. Enquanto manipulam os cidadãos, concedem direitos aos empresários e desmontam as conquistas trabalhistas acumuladas por séculos, prometendo que essas medidas irão gerar mais empregos e melhorar a renda média da população. Também evitam informar que outros países que seguiram o mesmo caminho, falharam. Quando muito, foram abertas vagas de mercado extremamente mal remuneradas, levando as pessoas a trabalhar em jornadas duplas para ganhar um salário de miséria. E o salário recebido acabava sendo gasto rapidamente em hospitais e escolas privadas, bens que antes eram garantidos gratuitamente pelo estado.

Sorte que, para fazer frente a esses desmandos, existem grupos se organizando e procurando construir formas de solidariedade. Ainda que não se afirmem comunistas, retornam aos princípios caros a esse movimento em sua busca pela construção de novas maneiras de vivermos juntos. Entendem que as experiências históricas comunistas falharam, mas seu fracasso nos ensina como melhorar a luta e como seguir adiante. Se outro mundo é realmente possível de ser construído, sua construção passa de algum modo pela ideia de comunismo.

Sobre o autor

Nascido na cidade de São Paulo, Christian F. R. Guimarães Vinci é atualmente professor de Filosofia na Universidade do Estado de Minas Gerais (UEMG). Formado em História e em Filosofia, ambas as graduações pela Universidade de São Paulo (USP), mesma instituição na qual desenvolveu seu mestrado e seu doutorado em Filosofia da Educação.

REFERÊNCIAS BIBLIOGRÁFICAS

BADIOU, Alain. *A Hipótese Comunista*. Trad. Mariana Echalar, 2012.

BATAILLE, Georges. *Sobre Nietzsche*. Belo Horizonte: Autêntica editora, 2017.

BAKUNIN, Mikhail. *Deus e o estado*. São Paulo: Hedra, 2011.

BLANQUI, Auguste. *A Eternidade pelos Astros*. Trad. Takashi Wakamatsu. São Paulo: Cultura e Barbárie, 2018.

COGGIOLA, Oswaldo (org.). *Escritos sobre a comuna de Paris*. São Paulo: Xamã editores, 2002.

DORFMAN, Ariel; MATTELART, Armand. *Para Ler o Pato Donald*. Rio de Janeiro: Paz e Terra, 1991.

ENGELS, Friedrich. *O Anti-Dühring*. São Paulo: Boitempo, 2014.

ENGELS, Friedrich. *A origem da Família, da Propriedade Privada e do Estado*. São Paulo: Boitempo, 2015.

FUKUYAMA, Francis. *O Fim da História e o último homem*. Rio de Janeiro: Rocco, 1997.

HOBSBAWM, Eric. H. *A Era das Revoluções*: 1789-1848. Trad. Maria Tereza Lopes Teixeira e Marcos Penchel. Rio de Janeiro: Paz e Terra, 2003.

LAVAL, Christian; DARDOT, Pierre. *Comum*. São Paulo: Boitempo, 2015.

LENIN, V. I. *O que fazer?* São Paulo: Boitempo, 2019.

LENIN, V. I. *O Estado e a Revolução*. São Paulo: Boitempo, 2018.

MARX, Karl. *Miséria da Filosofia*. Trad. José Paulo Netto. São Paulo: Boitempo, 2017.

MARX, Karl. *As Lutas de Classe na França*: de 1848 a 1850. São Paulo: Boitempo, 2012.

MARX, Karl. *A Guerra Civil na França*. São Paulo: Boitempo, 2014.

MARX, Karl. *O Capital. Livro I*. São Paulo: Boitempo, 2009.
MARX, Karl. *O Capital. Livro III*. São Paulo: Boitempo, 2016.
MARX, Karl; ENGELS, Friedrich. *Manifesto Comunista*. São Paulo: Boitempo, 2010.
MARX, Karl; ENGELS, Friedrich. *A Ideologia Alemã: crítica da mais recente filosofia alemã em seus representantes*. Trad. Rubens Endele, Nélio Schneider, Luciano Cavini Martorano. São Paulo: Boitempo, 2007.
NAVES, Márcio Bilharinho. *Marx: ciência e Revolução*. Campinas: Editora da UNICAMP, Moderna, 2000.
NEGRI, Toni; HARDT, Michael. *Império*. Rio de Janeiro: Record, 2002.
NEGRI, Toni; HARDT, Michael. *Multidão: guerra e democracia na era do império*. Rio de Janeiro: Record, 2005.
NEGRI, Toni; HARDT, Michael. *Bem-estar comum*. Rio de Janeiro: Record, 2014.
POLANYI, Karl. *A Grande Transformação*. Rio de Janeiro: Editora Scala, 1997.
PROUDHON, Pierre Joseph. *A propriedade é um roubo e outros textos*. São Paulo: LP&M, 1998.
TOCQUEVILLE, Alexis de. *Lembranças de 1848: as jornadas revolucionárias*. São Paulo: Martins Fontes, 1991.